부모영성학교
Devotions for Sacred Parenting

ⓒ 2005 by Gary L. Thomas
Originally published in English as With: *Devotions for Sacred Parenting*
by Zondervan, Nashville, TN, USA.
All rights reserved.

This Korean translation edition ⓒ 2010 by CUP, Seoul, Republic of Korea
Published by arrangement with The Zondervan Corporation L.L.C.,
a division of HarperCollins Christian Publishing, Inc.
through rMaeng2, Seoul, Republic of Korea.

이 한국어판의 저작권은 알맹2 에이전시를 통하여 HarperCollins Christian Publishing, Inc.와
독점 계약한 도서출판 CUP에 있습니다
신저작권법에 의하여 한국 내에서 보호받는 저작물이므로 무단 전재와 무단 복제를 금합니다.

부모영성학교
Devotions for Sacred Parenting

초판	1쇄 발행 2010년 1월 25일
	6쇄 발행 2019년 1월 13일
	* 초판은 《자녀 양육의 영적 역동성을 회복하라》라는 제목으로 출간되었습니다.
개정판	1쇄 발행 2022년 4월 29일
	2쇄 발행 2025년 8월 18일
지은이	게리 토마스
옮긴이	윤종석
발행인	김혜정
기획위원	김건주
마케팅	윤여근, 정은희
디자인	홍시 송민기
발행처	도서출판 CUP
출판신고	제 395-3070000251002001000021호 (2001.06.21.)
주소	(01594) 경기도 고양시 덕양구 동축로70, B동 6층 A604호 (현대프리미어캠퍼스 지축역)
전화	02) 745-7251
팩스	02) 6455-3114
이메일	cupmanse@gmail.com
홈페이지	www.cupbooks.com
페이스북	facebook.com/cupbooks
인스타그램	instagram.com/cupmanse/
ISBN	979-11-90564-37-3 03230 Printed in Korea

* 파손된 책은 구입하신 서점에서 교환해 드리며 책값은 뒤표지에 있습니다.

게리 토마스의
인생학교 06

부모영성학교
Devotions for Sacred Parenting

게리 토마스 | 윤종석 옮김

SWEET HOME

자녀 양육의 영적 역동성을 회복하라
자녀를 지으신 하나님은 아이에게 저마다 독특한 미래를 설계하셨다

Devotions for
Sacred Parenting

GARY L. THOMAS

이 책을 읽는 분들께

부모가 자녀를 빚어내는 것 만큼이나
자녀 양육은 부모를 빚어내는 특별한 선물이다

많은 부모들에게 깊은 영향을 끼치는 스테디셀러 《부모학교》의 저자 게리 토마스의 저작으로, 자녀 양육이 하나님이 계획하신 아주 특별한 선물이며 설계임을 가슴 가득 느끼게 하며, 자녀 양육뿐 아니라 삶의 모든 영역에서 영적 근육을 튼튼하게 해 준다.

저자는 우리의 자녀들을 위하여 노심초사하시며, 그들을 기르는 일에 우리와 협력하시는 하나님의 음성을 들으며 하나님의 도우심을 적극적으로 받아들이라고 독려한다. 우리가 일관되게 하나님으로 충만해지지 않으면 우리의 가정이 수시로 증오와 비난과 판단과 신경질로 충만해질 수 있으므로, 우리가 늘 하나님의 임재 앞에 서서 성령님께서 우리를 속으로부터 변화시키시도록 내어드리고, 성령께서 부으시는 아름다운 성품을 통하여 자녀들이 궁극적으로 하나님과 사랑에 빠질 수 있도록 도와 주어야 한다고 말한다.

실생활과 직결되는 실제적인 글들은 자녀 양육에 지친 부모들에게 깊은 위로와 격려가 될 뿐 아니라 고귀한 자녀를 주신 하나님과 자녀에 대한 샘 솟는 기쁨을 퍼올려 준다. 자녀 양육은 하나님의 거룩하고 고귀한 소명이며, 하나님이 계획하신 놀랍고도 신비로운 여정이다.

자녀를 효과적으로 양육하는 법, 더 좋은 부모가 되는 법, 훌륭한 자녀로 키우는 양육법에 대해서는 그간 많은 책들이 나왔다. 그러나 게리 토마스는 이 주제를 완전히 다른 각도에서 보아 자녀 양육이 부모에게 미치는 영향에 주목한다. 자녀를 돌보는 일은 부모의 영혼을 빚고 부모 안에 그리스도의 성품을 이루어가도록 지으신 놀라운 계획이다. 일상의 경험을 통한 영성 깊은 이야기들은 자녀에 대한 짜증과 불평을 깊은 사랑과 가슴 벅찬 기쁨, 그리고 뭉클하는 감사로 변화시킨다.

저자 게리 토마스는 말한다.

"당신의 삶 속에 조용한 시간을 내어 그분의 음성을 들으라. 이른 아침에 하나님의 음성이 가장 잘 들리는 사람도 있고 늦은 밤이 좋은 사람도 있다. 무릎 꿇고 기도해야 하는 사람도 있고 운전 중에 차 안에서 라디오를 끄고 하나님께 주파수를 맞추는 사람도 있다. 그런가 하면 샤워 중에, 밖에서 운동하는 중에 하나님의 음성을 듣고 놀라는 사람도 있다. … 하나님과의 협력은 부모인 우리에게 필요한 가장 절대적인 도움이다."

"우리 자녀들은 온갖 혼란에 에워싸여 있다. 그들에게는 앞서 걸으면서 길을 보여 줄 엄마와 아빠가 필요하다. 힘겨운 삶 속에서도 우리보다 크신 하나님에게서 안전과 희망을 찾는 부모의 모습을 아이들에게 보여 주자. 그런 삶을 살아갈 때 우리는 자녀들에게 영적인 피난처를 지어 주는 것이다."

이 책을 읽는 것은 우리를 부모로 세우신 의미와 아울러 자녀 양육을 통하여 하나님과 더 가까워질 수 있는 비할 나위 없는 가능성을 새롭게 열어 주는 기회가 될 것이다.

contents

01 하나님이 지금 여기 계심을 잊지 말라 • 15

02 하나님이 이 일을 맡기셨음을 기억하라 • 20

03 자녀에게 삶의 본을 남기라 • 25

04 하나님 얼굴에 웃음을 드리라 • 32

05 자녀를 예수께로 데려가라 • 36

06 자녀들을 전능자의 그늘에 숨기라 • 42

07 희생의 계절을 즐거이 맞이하라 • 48

08 가장 중요한 것을 선택하라 • 53

09 무자한 여인의 노래를 기억하라 • 57

10 두려움에게 안녕을 고하라 • 62

11 자녀에게 함부로 대하지 말라 • 69

12 가장 소중한 사람에게 시간을 내라 • 74

13 자녀들이 자랑스러워 하는 부모가 되라 • 79

14 자녀를 통해 겸손의 높은 경지를 경험하라 • 85

15 영적으로 강건한 부모가 되라 · 91

16 자녀에게 하나님의 마음을 품으라 · 96

17 까다로운 아이에게 감사하라 · 101

18 자녀에게 죄를 미워하는 본을 보이라 · 107

19 불평할 상황에서 감사의 조건을 찾으라 · 112

20 아이와 함께 자라가라 · 117

21 자녀로 인한 행복한 성숙의 길을 누리라 · 122

22 자녀에 대한 원시안적 안목을 가지라 · 127

23 자녀에게도 신앙의 매너를 보여 주라 · 134

24 하나님이 주신 지혜를 전수하라 · 140

25 판단을 멈추고 사랑을 시작하라 · 145

26 주의 교양과 훈계로 양육하라 · 150

27 신중하게 가꿔진 행동원리로 사랑하라 · 156

28 자녀를 통해 성품을 개발하라 · 160

29 애정을 가지고 진리를 말하라 • 164

30 둘이 힘을 합해 자녀를 양육하라 • 170

31 집에 잠시 들르는 사람이 되지 말라 • 175

32 날마다 십자가에 죽으라 • 179

33 자녀가 들춰내는 약점을 직시하라 • 186

34 강한 펀치를 받아넘기는 유머를 가지라 • 191

35 겸손과 자기 성찰의 모범을 보이라 • 195

36 자녀들을 옳은 길로 인도하라 • 200

37 뜨거운 영향력으로 기억되는 부모가 되라 • 205

38 수고를 몰라줄 때 하나님 수고를 기억하라 • 210

39 지금 여기를 사는 희열을 누려 보라 • 215

40 자녀들을 위하여 결혼생활을 살리라 • 221

41 적극적인 사랑으로 자녀의 삶을 추적하라 • 229

42 예수님을 가리켜 보이는 삶을 살라 • 233

43 불멸의 존재를 존귀하게 기르라 · 237

44 아이처럼 겸손히 듣고 묻고 구하라 · 241

45 책임감 있는 진정한 행복을 추구하라 · 245

46 협력자이신 하나님의 음성을 들으라 · 250

47 하나님을 바라보고 힘을 얻으라 · 255

48 거룩한 환멸을 통과하여 사랑을 회복하라 · 260

49 우리의 약점을 통해 하나님께로 인도하라 · 267

50 삶 속에서 관용을 가르치라 · 272

51 오늘의 일상이 한 조각 천국임을 기억하라 · 277

52 예수님의 임재를 마음과 가정에 모시라 · 283

주 · 291

이렇게 읽으면 더 효과적입니다!

- 먼저 전체 내용을 처음부터 끝까지 음미하며 읽어 본다.
- 매주 한 꼭지씩 읽으며 성경구절을 중심으로 묵상한다.
  이 책은 1년 52주 동안 매주 한 편씩 읽을 수 있도록 구성되어 있다.
- 한 주 동안 자녀와 가정을 위하여 기도할 제목, 실천할 내용을 하나님께서 주신 말씀과 함께 메모한다.
- 매년 한 번씩 다시 읽어 본다.

하나님이 지금 여기 계심을 잊지 말라
01

내가 주의 영을 떠나 어디로 가며 주의 앞에서 어디로 피하리이까 내가 하늘에 올라갈지라도 거기 계시며 스올에 내 자리를 펼지라도 거기 계시니이다 내가 새벽 날개를 치며 바다 끝에 가서 거주할지라도 거기서도 주의 손이 나를 인도하시며 주의 오른손이 나를 붙드시리이다

시편 139편 7~10절

그리스도인의 가정생활을 위한 모토를 하나 제안하고 싶다.
"하나님이 지금 여기 계신다."
하나님은 항상 우리 곁에 계시지만 우리는 마치 그분이 안 계신 것처럼 생각하고 행동하고 말할 때가 너무나 많다. 싸우고 언쟁을 벌이고 웃고 게임하고 영화를 보고 성관계를 맺는 등 그야말로 그 모든 순

• 15

간에 우리는 하나님이 지금 여기에 계신다는 의미를 생각조차 하지 않고 지낸다.

날마다 가족들과 함께 식사 기도를 하지만, 무심결에 마치 '아멘'이라는 단어가 천국 앞에 치는 커튼이라도 되는 것처럼 생각하고 행동하고 있는 나 자신을 문득 발견하고 놀랄 때가 있다. 내 기도의 의무는 다했으니 이제 하나님이 우리 가운데 거하시는 것이 아니라 마치 우리를 넘어가신 것처럼 살아가도 된다는 식이다.

우리가 만일 하나님이 옆에 계심을 염두에 두고 자녀들을 대한다면 매번 속상할 때 그들을 대하는 방식이 어떻게 달라질까? 자녀들을 지으셨고 그들이 잘 되기를 간절히 바라시는 하나님이 말 그대로 어깨너머로 우리를 보고 계심을 우리가 진정으로 믿는다면, 인내심도 좀 더 많아지고 이해심도 좀 더 많아지지 않을까?

아이들과 함께 대화하고 함께 게임을 즐기고 서로 붙들어 주고 격려해 주는 이 모든 일들 가운데 하나님이 함께 하심을 진정으로 자각한다면 우리가 어떻게 달라질지 생각해 보라. 아마도 훨씬 나아지지 않을까? 우리가 무심코 죄에 빠지는 것은 대부분 하나님께 반항해서라기보다는 하나님을 잊어버린 결과다.

하나님이 지금 여기 계신다!

아주 단순한 개념이지만 우리 삶에 혁명적인 결과를 낳는 말이다.

이것은 17세기의 수도사 로렌스 형제의 솔직한 메시지이기도 하다. 바쁜 생활 가운데 자신의 우선순위를 재평가한 로렌스 형제는 세상의 그 무엇보다도 하나님의 임재를 연습하고 싶다는 결론에 도달했다. 처음에는 그에게도 어려운 일이었지만 이렇게 고백하게 된다.

"하나님의 사랑이 아무 어려움 없이 우리를 거기로 데려간다."[1]

이것은 율법적인 연습이 아니라 사랑의 관계에서 비롯된 것이었다.

"하나님을 생각하지 못한 채 얼마간의 시간을 흘려보냈다 하더라도 로렌스 형제는 그것에 그다지 마음을 쓰지 않았다. 일단 하나님께 자신의 연약함을 고백하면 그는 이내 전보다 더한 확신 속에서 그분께 돌아왔다. 그분을 잊어버린 그 비참함을 겪어 본 덕분이었다."[2]

시간이 가면서 "로렌스 형제는 종교 활동에 헌신하는 것보다 오히려 평범한 일들 속에서 하나님의 임재를 더 강하게 느낄 수 있었다."[3] 그는 '하나님께 나아가는 가장 좋은 길은 하나님을 향한 순전한 사랑으로 … 평범한 일상사를 수행하는 것'[4]임을 깨달았다. 로렌스 형제에게 기도란 토마토 껍질을 벗기는 일과 근본적으로 다르지 않았다.

"기도 시간을 다른 시간들과 특별히 다르게 생각하는 것이야말로 중대한 과오다."[5]

그의 이런 태도는 평범한 일상사에 깊은 의미를 불어넣어 주었다.

"하나님을 사랑하는 마음으로 한다면 지극히 작은 일이라도 귀찮아해서는 안 된다. 그분은 거창한 행위를 보시는 것이 아니라 그 일을 행할 때의 사랑을 보신다."[6]

우리가 우리의 일상생활을 이런 태도로 임하게 된다면 설거지, 매일의 출퇴근 운전, 빨래, 지루하거나 스트레스가 많은 업무를 견디는 것, 자녀의 축구 시합에 가서 앉아 있는 것 등이 어떻게 달라질지 상상해 보라.

로렌스 형제의 인생 목표는 지극히 단순했다. 최대한 온전하게 하나님을 사랑하는 사람이 되는 것이었다(여기에 '하나님을 기억하는 사람'을 덧붙여도 될 것 같다). 그러나 다시 말하지만 그에게 이것은 의무라기보다는 즐거움이었다.

"딱하게도 우리는 너무나 작은 것에 쉽사리 만족하려 한다. 하나님께서는 우리에게 주실 보화가 무궁무진하건만 여전히 우리는 잠시 지나가는 신앙으로 만족하는 것이다."[7]

로렌스 형제는 '이 세상에 하나님과 끊임없이 교제를 나누며 사는 것보다 더 달콤하고 더 기쁨에 찬 삶은 없다'[8]는 것을 깨달았다. 바로 그러한 이유로 "만일 내가 설교자라면 나는 하나님의 임재 연습 외에는 아무 것도 설교하지 않겠다"[9]고 말하기도 했다.

하나님이 지금 이 방 안에 계신다. 비록 같은 표현을 쓴 것은 아니지만 로렌스 형제도 분명 이 진리에 공감할 것이다.

매일 아침과 한낮과 저녁에 자신에게 이렇게 말해 보라.

"하나님이 지금 여기 계신다."

서로 소리 지르거나 비난하거나 비웃거나 심지어 무시하는 마음이 생길 때마다 그렇게 말해 보라.

"하나님이 지금 여기 계신다."

하루 온종일 자녀에게 이렇게 말해 보라.

"하나님이 지금 여기에 우리와 함께 계신단다."

자꾸 연습하여 생활화될 때까지, 이 복된 기억이 우리의 삶과 호흡이 될 때까지, 자신과 서로에게 계속 이렇게 말해 보자.

"하나님이 지금 여기 계신다."

"하나님이 지금 우리 옆에 계셔!"

하나님이 이 일을 맡기셨음을 기억하라
02

> 야곱아 너를 창조하신 여호와께서 지금 말씀하시느니라 이스라엘아 너를 지으신 이가 말씀하시느니라 너는 두려워하지 말라 내가 너를 구속하였고 내가 너를 지명하여 불렀나니 너는 내 것이라
>
> 이사야 43장 1절

대부분의 신학교 교수들에게 역사상 가장 훌륭한 설교자 열 명을 꼽으라고 한다면 전부는 몰라도 거의 대부분이 찰스 스펄전(Charles H. Spurgeon, 1834~1892)을 빼놓지 않을 것이다. 영국의 유명한 목사인 그는 '설교의 제왕'으로 불리곤 했다. 그의 설교가 인기가 높아져서 어찌나 들으려는 사람들이 많았던지 그의 교회는 6천 명 수용 규모의

본당을 신축해야 했고, 전 세계 다수의 유력 일간지에 매주 그의 메시지 원고가 게재되었다(스펄전이 사역한 곳은 런던이었다).

그런데도 한 번은 설교 중에 스펄전이 깜짝 놀랄 고백을 했다.

"나는 이 일에 적임자가 되지 못해 늘 애통한 마음을 가집니다."[10]

스펄전은 설교자로서 가장 성공한 사람들 중 하나였고 누가 보기에도 그 일에 탁월했다. 그런 스펄전이 스스로 부족함을 느낄 줄이야 누가 상상이나 했겠는가? 그런데 나는 자상하고 유능한 부모들 중에서도 그와 똑같은 심정을 느끼는 사람들을 많이 만난다. 그들은 이렇게 생각한다.

"나는 이 일에 역부족이다. 자식을 키우는 데 필요한 수완과 지혜와 에너지가 나한테는 없다."

당신도 그런 기분이 든 적이 있는가?

기죽이는 일에 대가인 사탄은 간악한 질문들로 우리의 마음을 심란하게 하는 버릇이 있다.

"네가 누구라고 자식을 키워? 하고많은 사람 중에 하필 네가 아이들의 부모가 되었을까? 이 아이들은 네가 없으면 더 잘 될 거다!"

스펄전은 이사야 43장 1절에서 소망을 얻었다.

"야곱아 너를 창조하신 여호와께서 이제 말씀하시느니라 이스라엘아 너를 지으신 이가 말씀하시느니라 너는 두려워하지 말라 내가 너를 구속하였고 내가 너를 지명하여 불렀나니 너는 내 것이라."

스펄전은 이렇게 설명한다.

"나 자신에게 이렇게 말했습니다. '나의 이 모습은 하나님이 창조하신 것이고 하나님이 조성하신 것이다. 그러므로 나는 하나님이 두신 이 자리에도 결국 적임자일 수밖에 없다'고 말입니다."[11]

하나님은 당신을 창조하셨을 뿐 아니라 당신의 자녀들도 창조하셨다. 그리고 그 아이들을 당신의 집에 두기로 정하셨다. 그중 하나에라도 의심을 품는다면 하나님의 주권에 이의를 제기하는 것과 같다. 하나님이 당신의 자녀들을 무심하게 그냥 두시는 것 같은가? 당신의 아들이나 딸이 어쩌다 하나님의 시야에서 벗어나 그저 졸속으로 당신에게 온 것 같은가? 천만의 말이다! 하나님은 당신의 자녀들을 계획하셨고 당신의 보호 아래 두셨다.

전쟁에서 이기려면 자신의 목표만 알아서는 안 되고 적을 알아야 한다. 오늘날 우리는 사탄에 대한 이야기를 흔히들 꺼리지만 옛 신앙의 선배들은 그렇지 않았다. 그들은 사탄의 전술들을 알았는데 그중에 특히 낙심을 빼놓을 수 없다. 사탄은 맡은 일을 등한히 하도록 우리를 유혹하지만 그것이 잘 안 되면 이번에는 그 일에 낙심하게 만들려고 안간힘을 쓴다.

우리는 부모로서의 낙심, 즉 자신이 이 일에 역부족이라는 느낌과 어떻게 싸울 것인가? 스펄전은 우리의 구속(救贖)에 희망이 있다고 지적한다.

주님께서 우리에게 이렇게 말씀하시는 것 같습니다.

"내가 이전에 했던 일을 다시 할 것이다. 나는 너를 구속하였고 또 다시 구속할 것이다. 나는 압제자의 손에서 너를 구하였고, 중상하는 혀에서 너를 건져냈고, 빈곤의 짐을 진 너를 업었고, 질병의 고통 아래서 너를 붙들었다. 그리고 지금도 능히 똑같이 할 수 있다. 그런데 너는 어찌하여 두려워하느냐? 내가 이미 너를 구속하였고 또 구속하거늘 네가 무서워해야 할 까닭이 무엇이냐? 담대하고 당당하여라. 노년을 지나 죽음에 이르기까지 내가 항상 너의 강한 구속자가 될 것이니라."[12]

당신의 낙심이 무엇을 어찌해야 할지 모르는 난감함에서 오는 것이라면 다시 말하지만 우리 구주 안에 위안이 있다. 스펄전의 말처럼 하나님이 공의로우신 분이면서도 죄인들을 구원하실 방도를 마련하실 수 있었고 악과의 전쟁을 선포하시고도 여전히 죄를 용서하실 길을 찾아내실 수 있었다면 우리가 직면한 도전들도 정녕 해결하실 수 있다! 하나님의 인도로 헤쳐 나갈 수 없을 만큼 난감한 문제란 전에도 없었고 후에도 없을 것이다.

재정적으로든 능력 면에서든 자신에게 없는 것 때문에 걱정이 된다면 하나님의 약속 안에 위로가 있다.

"자기 아들을 아끼지 아니하시고 우리 모든 사람을 위하여 내주신 이가 어찌 그 아들과 함께 모든 것을 우리에게 주시지 아니하겠느냐"(롬 8:32).

우리 각자의 낙심의 원인이 무엇이든 하나님은 전천후 방책을 마련해 놓으셨다. 스펄전은 이렇게 말한다.

"우리에게 그분의 핏자국이 묻어 있는 한 우리는 얼마든지 두려움을 버릴 수 있습니다. … 우리가 어려울 때 그분이 어찌 우리를 버리실 수 있겠습니까? 너무나 비싼 값을 치르고 우리를 사셨기에 우리의 구속자는 우리가 넘어지도록 그냥 두실 수 없습니다. 그러므로 우리는 당당히 전진합시다."[13]

부모로서의 당신 앞에 놓인 일들은 당신을 구속하시려는 일념으로 자기 아들까지 아끼지 않으실 정도로 당신을(그리고 당신의 자녀를) 사랑하시는 하나님께서 모른 척하시기에는 너무도 중대한 것이다. 자기 아들을 주신 그 하나님이 지금 당신을 지켜 주시는 하나님이고, 백 년도 더 전에 스펄전을 감화하셔서 이 설교를 하게 하신 하나님이며 또 당신을 감화하셔서 이 책을 통하여 그 메시지를 새로 듣게 하시는 하나님이다.

분명 당신은 이 일의 적임자다. 하나님이 친히 당신에게 이 일을 맡기셨기 때문이다. 그리고 하나님은 우리가 끝까지 이 일을 잘 감당해 낼 수 있도록 전심으로 도우신다. 결국 우리는 그것만 알면 된다.

자녀에게 삶의 본을 남기라
03

여호와를 경외하는 자에게는 견고한 의뢰가 있나니 그 자녀들에게 피난처가 있으리라

잠언 14장 26절

타드 비머(Todd Beamer)는 이제 더 이상 심장도 뛰지 않고 폐도 공기를 들이마시지 못하고 눈도 뜰 수 없다. 그러나 그는 지금도 그의 자녀들에게 영향을 미치고 있다.

2001년 9월 11일, 타드는 편명 93번 비행기 안에서 죽었다. 타드와 다른 소수의 용감한 사람들 덕분에 폭탄으로 폭발하는 것을 피할 수 있었던 바로 그 비행기였다. 타드의 생애는 펜실베니아 주의 어느 들판에서 끝났지만 그의 영향력은 지금도 살아 있다.

타드의 미망인 리자 비머는 날마다 자녀들에게 타드의 사진을 보여 주며 아버지가 영웅이었음을 말해 주고 그들도 아버지처럼 되고 싶은 열망을 품게 해 준다고 한다.

윌리엄 베넷은 힐즈데일 대학에서 청중들에게 행복하고 성공적인 자녀를 길러내는 최적의 공식은 부모가 둘 다 있는 가정이라는 증거가 압도적으로 많다고 지적했다. 그러나 그보다 더 신선하게 다가온 또 다른 통계가 있는데, 순직한 아버지(예컨대 군인, 소방관, 경찰관)를 둔 자녀들은 부모가 둘 다 있는 가정에서 자라난 자녀들과 전혀 다르지 않다며 타드 비머의 이야기를 들려 주었다. 베넷에 따르면 "도덕적 모본은 꼭 몸으로 곁에 있지 않아도 머릿속에, 그리고 마음속에 존재할 수 있다. 리자 비머가 '너희도 아버지처럼 되라'고 말한 결과로 타드 비머는 그 자녀들의 머릿속에, 그리고 마음속에 영원히 함께 있는 것이다."[14]

〈모두가 레이먼드를 사랑해〉라는 시트콤에서 레이의 아내 역을 맡은 여배우 패트리샤 히튼도 그와 같은 경험을 했다. 패트리샤의 어머니는 그녀가 열두 살 때 세상을 떠났다. 10년 후에 패트리샤는 맨해튼에서 일자리 없는 여배우로 고전하고 있었다. 어느 날 그녀는 지쳐서 절망감에 빠졌고 자기가 성공과는 거리가 멀다고 느꼈다. 바로 그때 어머니가 늘 하시던 말씀이 떠올랐다.

"사는 것이 힘들고 낙심될 때면 너보다 어려운 사람에게 선을 베풀어라. 그 사람한테도 도움이 되겠지만, 네 고민도 한결 가벼워질거야. 또 너에게 주어진 좋은 것들에 대하여 감사하는 마음도 가질 수 있단다."

어머니는 내가 열두 살 때 돌아가셨지만, 여전히 내 삶 속에서 나와 함께 있었다. 어머니는 그날처럼 나에게 매일 영향을 미친다. 어머니의 말씀이 귀에 들리는 듯하다.

"패티, 누군가 다른 사람을 위해서 뭔가를 해 보거라."[15]

도덕적 모본을 남기는 것은 정글에 길을 내는 것과 같다. 우리 자녀들은 온갖 혼란에 에워싸여 있다. 그들에게는 앞서 걸으면서 길을 보여 줄 엄마와 아빠가 필요하다. 버거운 삶 속에서도 우리보다 크신 하나님에게서 안전과 희망을 찾는 부모의 모습을 아이들에게 보여 주어야 한다. 먼저 하나님 나라를 구하고자, 필요하다면 희생도 감수하면서 이기심 없이 살려고 애쓰는 모습을 보여 주어야 한다. 또한 여호와를 올바르게 경외하는 본을 보이고, 그분을 공경하고 그분의 말씀에 순종하고 그분의 길로 행하며 죄를 미워하는 마음을 길러야 한다. 그런 삶을 살아갈 때 우리는 자녀들에게 영적인 피난처를 지어 주는 것이다. 잠언 14장 26절은 "여호와를 경외하는 자에게는 견고한 의뢰가 있나니 그 자녀들에게 피난처가 있으리라"고 했다. 그렇다. 우리가 하나님을 경외하며 행하는 것이 우리 자녀들에게 피난처가 된다.

결혼 전까지만 해도 나는 의(義)라는 것을 자기중심적으로 보았다. 그래서 나의 선택들이 하나님과의 관계에 미치는 영향, 도덕적 결정들이 나의 미래와 전반적 행복에 미치는 영향만을 생각했다. 그러나 아버지가 되고 나서는 다음 세대에 미칠 영향을 생각하지 않을 수 없었다. 앤드류 머레이는 이렇게 표현한다.

> "구속(救贖)과 은혜, 그리스도 안의 계시와 십자가를 통틀어 하나님이 우리를 대하시는 그 모든 것들의 목표는 한 가지다. 우리를 죄에서 구원하여 그분의 거룩함에 참예하게 하시는 것이다. 부모가 하나님의 동역자가 되려면 … 부모 자신이 하나님과 보조를 맞추어야 한다. 부모부터 철저히 죄를 미워하고 집에서도 죄를 없애고 또 막으려고 무엇보다도 힘써야 한다."[16]

아버지가 아들에게 어떤 이야기를 할 때마다 도덕적인 본을 남기는 것이다. 하나님과 보조를 맞출 것인가, 아니면 이 시대의 사고방식대로 편견을 보일 것인가? 혹은 컴퓨터 앞에 앉아 인터넷에 들어갈 때마다 도덕적인 본을 남긴다. '철저히 죄를 미워하고 자기 집에서 죄를 없애고 또 막으려고 무엇보다 힘쓸' 것인가, 아니면 자녀들의 둥지에 죄가 침투하도록 방치할 것인가?

어머니도 자식들 앞에서 남편에 대하여 말할 때마다 도덕적인 본을 남기는 것이다. 그것은 좋은 본이 될 것인가, 아니면 부정적인 본이 될 것인가?

자신의 개인적인 만족보다 자녀에게 돌아갈 영향력을 선택하려고 고민할 때마다 부모는 도덕적인 길을 여는 것이다. 부모의 우선순위는 하나님과 보조를 맞출 것인가, 아니면 다른 사람들의 시선을 의식하며 두려움에 지배당할 것인가?

자녀들은 우리가 실패, 실망, 좌절, 우리 자신의 한계들을 대할 때 어떻게 대처하는지를 보면서 배운다. 우리는 안전한 피난처를 짓고 있는가, 아니면 단 한 번의 폭풍에도 견디지 못할 허름한 판잣집을 짓고 있는가? 자녀들이 목격하고 있는 믿음은 암, 실직, 좌절, 스트레스 속에서도 견디어 내는 믿음인가, 아니면 아주 사소한 영적인 공격에도 시들해지는 믿음인가?

이 모든 것의 배후에는 한 가지 피할 수 없는 진리가 있다. 하나님이 그분의 형상대로 남자와 여자를 지으신 것처럼 부모인 우리들도 결국 아들과 딸을 다분히 우리의 형상대로 길러낸다는 것이다. 예수께서도 "무릇 온전하게 된 자는 그 선생과 같으리라"(눅 6:40)고 말씀하셨다.

물론 우리 중에 완전한 모본을 남길 부모는 아무도 없다. 그렇다고 해서 우리가 영향력 있는 모본을 남길 수 없다는 뜻은 아니다. 나의 소망이자 목표는 우리 자녀들이 하나님 나라를 먼저 구하는 데서 오는 기쁨과 의미와 목적을 보게 되는 것, 그리하여 거기에 비하면 이 세상이 주는 모든 것들이 얼마나 보잘것없는지를 알게 되도록 하는 것이다. 앤드류 머레이는 말한다.

> "부모는 자녀에게 덕성의 아름다움, 자아 부인의 고귀함과 행복, 의무가 가져다 주는 즐거움, 그리고 하나님을 경외하고 받드는 마음을 전수해야 한다."[17]

내가 머레이의 이 말을 아주 좋아하는 까닭은 자녀들 앞에서 그 네 가지 소중한 진리를 실천하는 삶에 담겨 있는 긍정적인 면이 너무나 크기 때문이다. 덕성은 흔히 조롱과 비웃음을 사지만 결국 악이 흉한 것 만큼이나 아름답게 드러난다. 자아 부인은 신기하게도 즐거운 행복을 낳지만, 이기심과 교만은 절망과 강박증을 낳는다. 의무에 충실하면 큰 보람을 얻지만 무절제한 욕심을 따르면 결국 자괴감에 빠지게 된다. 그리고 무엇보다 가장 큰 진리는 이것이다. 전능하신 하나님을 경외하고 받들며 사는 것보다 더 고귀한 이상, 더 영광스러운 삶, 더 나은 목표란 없다.

머레이 교수가 명언을 남겼다!

바울도 분명히 이러한 자녀 양육을 알았다.

"너희도 아는 바와 같이 우리가 너희 각 사람에게 아버지가 자기 자녀에게 하듯 권면하고 위로하고 경계하노니 이는 너희를 부르사 자기 나라와 영광에 이르게 하시는 하나님께 합당히 행하게 하려 함이라"(살전 2:11~12). 부모라면 의당 그렇게 살 것을, 즉 '하나님께 합당한' 삶을 살도록 자녀들에게 권면할 것을 바울이 자연스럽게 전제하고 한 말이다.

이런 영향을 전수할 시간이 우리에게 얼마나 더 남아 있는지 우리는 알 수 없다. 9월 11일 아침에 일어날 때 타드는 당연히 자기가 그날 밤에 다시 잠자리에 누울 줄로 알았다. 그러나 그 밤은 오지 않았고 타드는 집에 돌아오지 못했다. 하지만 그의 영향력은 지금도 남아 있다. 만일 우리가 오늘 죽는다면 우리는 자녀에게 어떤 본을 남길 것인가?

하나님 얼굴에 웃음을 드리라
04

내가 내 자녀들이 진리 안에서 행한다 함을 듣는 것보다 더 기쁜 일이 없도다

요한삼서 4절

아이들의 스포츠 시즌이 끝나서 다들 식당에서 피자 파티를 하던 중에 우리 아들 그레이엄은 팀 친구들과 함께 바로 옆의 비디오 가게에서 최신 비디오 게임들을 보려고 슬쩍 식당을 빠져 나갔다. 5분쯤 지나 그레이엄 혼자서 식당으로 돌아왔다. 우리 아들만 혼자서 일찍 돌아온 것이 이상해 보였으나 그때는 우리도 묻지 않았다.

집에 와서야 내막을 알게 되었다. 비디오 게임을 계산한 후에 한 아이가 "야, 야한 영화들 커버나 구경하고 가자"고 말했고, 팀 전원이 그러겠다고 나서는데 그레이엄만 싫다고 하고 혼자서 가게를 빠져 나왔던 것이다.

그 이야기를 듣는 순간 나는 그레이엄을 향한 애정으로 심장이 터질 것 같았다. 그즈음 우리 부자는 J. C. 라일의 100년 된 책 《청년의 생각》(*Thoughts for Young Men*)을 점심 시간마다 함께 읽고 토론을 했는데, 그 가르침을 마음에 새기고 있는 그레이엄을 보니 나에게 큰 힘이 되었다. 그레이엄이 결승전 시합에서 훌륭한 기량을 보여 준 것보다도 그 일이 훨씬 더 자랑스러웠다.

이튿날 나는 동부로 출장을 떠나야 했다. 새벽 시간에 공항으로 운전하고 가면서 기도하는데 전날 그레이엄에게 느껴지던 애정을 하나님이 나의 마음속에 되살려 주셨다. 우리가 유혹을 물리칠 때 하나님의 심정이 그렇다고 말씀하시는 것 같았다. 우리의 유혹은 자녀들의 유혹과 다를지 모르나 영적인 압박감은 똑같이 절실하며 결과도 똑같이 엄중하다. 우리가 그런 유혹 앞에서 돌아서는 것을 보실 때 하나님의 심장도 애정으로 부풀어 오르신다.

물론 하나님이 우리의 행동을 근거로 우리를 더 사랑하신다는 말이 아니다. 우리가 순종하는 삶을 살 때 하늘 아버지께 특별한 기쁨을 드릴 수 있다는 말이다. 평소에 나는 나의 실패가 하나님을 실망시켜 드리고 나의 실족이 그분께 큰 아픔을 드리는 것을 예민하게 느끼는 편이다. 그래서인지 반대로 내가 유혹에서 돌아서는 것이 그분께 큰 기쁨이 된다고 생각하니 새로운 힘이 솟았다.

사도 요한은 자녀들이 진리 안에서 행한다 함을 듣는 것보다 더 기쁜 일이 없다고 썼다. 하나님의 아버지 심정을 대변한 말이 아닌가 싶다. 부모로서 우리도 당연히 자녀들에 대하여 똑같은 진리를 증언할 수 있다.

오늘도 하나님께 기쁨을 드릴 기회들이 당신을 찾아올 것이다. 우리는 그리스도인으로 죄 짓는 것에 대해 발각되는 것, 말썽이 나는 것, 하나님의 진노를 당하는 것 등 부정적인 결과들을 생각할 때가 많다. 그러나 죄를 짓지 말자는 마음보다 더 적극적으로 하늘 아버지께 기쁨을 가져다 드리는 순종의 긍정적인 결과들을 생각해 보면 어떨까? 하나님의 얼굴에 웃음을 짓게 해 드리자. 그분께 큰 행복을 가져다 드리자.

마음을 홀리는 것으로부터 돌아서서 부부관계에 충실하기로 할 때 당신은 하나님을 기쁘시게 해드리는 것이다. 하나님이 친히 장부를 검토하실 것처럼 사업에 임하고 정직하게 일할 때에 그분의 얼굴에 웃음을 짓게 해 드리는 것이다.

시간을 내어 누군가를 격려하고, 도움이 필요한 사람에게 도움을 베풀고, 대화 중 그 자리에서 당장 험담을 멈출 때 당신은 하나님께 큰 기쁨을 드리며 자랑스러운 마음이 들도록 해 드리는 것이다.

　내가 하나님께 웃음을 드릴 수 있다. 내가 하나님께 대견한 마음이 드시게 해 드릴 수 있다. 내가 하나님께 큰 기쁨을 가져다 드릴 수 있다! 하루를 이렇게 보낼 수 있다니 얼마나 놀라운가!

　지금부터 시작해 보자.

자녀를 예수께로 데려가라
05

그에게는 영이 충만하였으나 오직 하나를 만들지 아니하셨느냐 어찌하여 하나만 만드셨느냐 이는 경건한 자손을 얻고자 하심이라

말라기 2장 15절

왕의 신하 오바댜는 선지자 엘리야에게 "당신의 종은 어려서부터 여호와를 경외하는 자라"(왕상 18:12)고 말했다. 이런 고백으로 보거나 그의 이름으로 보거나 오바댜는 믿는 부모를 두었음이 분명하다.

오바댜라는 이름은 '여호와의 종'이라는 뜻으로, 아합과 이세벨이 여호와의 선지자들을 죽여서 피를 보는 일을 왕족의 유희처럼 삼고 있던 그 시대에 붙여진 이름이다. 철권의 왕가에 비위를 맞추고 싶은 부모치고 감히 자기 아들에게 그런 이름을 지어 줄 사람은 없었을 것이다. 대신 '바알의 종'이나 '그모스의 수하'나 이세벨이 선전하던 다른 거짓 신들의 이름을 골랐을 것이다. 그러나 오바댜의 부모는 '여호와의 종'이라는 이름을 택하였고, 그 아들은 그것이 단순히 하나의 이름 이상임을 보여 주었다. 박해가 심할 동안 오바댜는 살아 계신 하나님의 선지자 일백 명을 자신의 힘을 구사하여 과감히 숨겨 주었다. 그리고는 학살이 지나갈 때까지 그들에게 먹을 것과 물을 공급하였다.[18]

오바댜의 삶은 자녀 양육 이면의 예언적인 성격을 생생한 비유처럼 보여 준다. 사람들이 자녀를 갖고자 하는 이유들을 보면 가문을 잇기 위해서, 친밀한 부모자식 관계를 경험하고 싶어서, 노년에 자기를 부양해 줄 사람이 필요해서, 자식이 없으면 적적할 것 같아서 등 아주 얄팍하기 짝이 없다. 물론 자녀를 가지지 않는 이유도 다를 바 없다.

그런데 문제는 이런 목적들이 부모의 행동을 결정한다는 것이다. 만일 우리의 목표가 단순히 '행복한' 자식들을 기르는 것이라면 아이들에게 책임감이나 돈 관리하는 법을 가르치기보다는 무엇이든 아이들이 원하는 대로 사줄 것이다. 만일 우리의 목표가 '성공한' 자식들을 두는 것이라면 아이들을 남들보다 앞서게 하려고 조금도 돈을 아끼지 않을 것이다. 무리해서라도 아이들에게 최고의 코치, 최고의 장비는 물론이고 어쩌면 스포츠 심리학자의 서비스까지 받게 할지도 모른다.

또한 아이들이 명문 학교에 들어가 명교수들의 강의를 듣고 인기 학위를 받아 인기 업종의 인기 회사에 취직하는 것이 세상에서 가장 중요한 일인 것처럼 행동할 것이다.

그러나 그리스도인의 자녀 양육은 그와는 판이한 목적과 동기로 이루어져야 한다. 바로 여호와의 종들을 기르는 일이다. 말라기에 따르면 하나님이 이스라엘 백성들에게 노하시고 그들의 기도나 제사를 외면하신 것은 그들이 결혼의 언약을 파기했기 때문이다. 그런데 말라기의 문맥을 보면 하나님이 염두에 두신 것은 결혼을 위한 결혼의 보전이 아니었던 것으로 보인다. 이 경우 결혼은 또 다른 목표의 수단이었다.

"[여호와께서] … 오직 하나를(부부를 하나로) 만들지 아니하셨느냐 어찌하여 하나만 만드셨느냐 이는 경건한 자손을 얻고자 하심이라"(말 2:15).

하나님이 우리에게 결혼생활을 주신 것은 우리를 통하여 경건한 자손을 얻고자 하심이다. 물론 자녀를 낳는 것이 결혼의 유일한 목적은 아니지만 주된 목적인 것만은 분명하다. 이 목표가 방해받지 않게 하시려고 하나님은 우리가 계속 부부로 남기를 원하신다. 경건한 결혼생활에서 경건한 자녀가 나올 소지가 훨씬 높은 법이다. 불안정하고 혼란스러운 재혼의 연속은 문제아를 낳는 경우가 많다. 이는 하나님이 우리에게 원하시는 것이 아니다.

말라기는 경건한 자녀의 모습이 어떠한지도 우리에게 보여 준다.

"… 그가 나를 경외하고 내 이름을 두려워하였으며 그의 입에는 진리의 법이 있었고 그의 입술에는 불의함이 없었으며 그가 화평함과 정직함으로 나와 동행하며 많은 사람을 돌이켜 죄악에서 떠나게 하였느니라"(말 2:5~6).

이 말씀에 따르면 하나님은 다음과 같은 삶을 우리의 아들딸들에게 가르치는 가정이 존속되기를 원하신다.

- 그분을 경외하며 살아간다.
- 그분의 말씀을 두려워한다.
- 그분과 교제하며 동행한다.
- 다른 사람들과 화목하게 살아간다.
- 다른 사람들을 죄에서 돌이킨다.

다시 말해 하나님은 우리가 신실한 종들을 길러 내기를 원하신다.

내가 만일 자녀들을 하나님의 영광을 위하여 양육하며, 비유적으로 그들을 '오바댜', 즉 여호와의 종으로 선포한다면 나는 훈육과 교정과 격려와 기도 등의 어려운 실무를 기꺼이 감내할 것이다. 경건한 자녀를 기르는 것보다 더 높은 목표, 더 중요한 시간 사용, 더 커다란 선(善)은 없음을 알기 때문이다. 물론 자녀의 재능을 개발하기 위해 애쓰겠지만 하나님의 일을 위한 자녀의 열정과 성품에도 똑같이 관심을 쏟을 것이다.

거의 5백년 전 마틴 루터는 이렇게 말했다.

> "결혼생활의 가장 큰 선, 즉 모든 고생과 수고를 가치 있게 해 주는 것은 하나님이 주신 자녀들을 하나님을 예배하고 섬기는 자들로 기르도록 명하시는 것이다. 온 세상을 통틀어 이것이야말로 가장 고귀하고 가장 소중한 일이다. 하나님께는 영혼의 구원보다 더 귀한 일이 있을 수 없기 때문이다."[19]

솔직히 말해서 나도 처음에는 이것을 모르고 자녀를 낳았다. 하지만 각자의 처음 이유가 무엇이었든 지금 중요한 것은 현재 우리의 동기다. 우리 가정의 배후에 있는 큰 그림은 무엇인가? 어떤 동기에서 자녀를 훈육하고 가르치는가? 너무 피곤하거나 마음이 심란하거나 혹은 말하기 어렵다는 이유로 중요한 이슈를 무시하지는 않는가? 당신의 수고에 동력이 되어 줄 더 큰 목표는 무엇인가?

신약성경에 보면 귀신들린 한 아이를 제자들이 너무 어려워 능히 고치지 못하는 사례가 나온다. 아이의 아버지가 예수께 직접 호소하자 예수님이 권위를 다하여 말씀하신다.

"그(아이)를 내게로 데려오라"(막 9:19).

아들이나 딸을 예수께로 데려가는 것, 한마디로 그것이 부모 된 우리들의 사명이다. 이 작은 죄인들을 당신의 집에 받아들여 믿음으로 '오바댜'라는 이름을 붙여 주고 그에 합당하게 가르치라. 우리의 지고한 선, 가장 엄숙한 본분은 아들이나 딸이 '여호와의 종'으로 불릴 수 있기를 고대하면서 하루하루 최선을 다하는 것이다. 그들이 왕을 수종하든 화장실을 청소하든 상관없이 말이다.

열심히 따르는 자녀도 있을 것이고 거세게 저항하며 맞서는 자녀도 있을 것이다. 그러나 우리의 궁극적인 목적, 최종 목표는 이것이다.

"아이를 예수께로 데려가자!"

이것이 우리 마음의 기도가 되기를 바란다.

"주님, 저의 동기와 행동을 깨끗하게 하시고 저의 마음에 힘을 주소서. 그리하여 주님을 섬기는 삶이 우리 아이들에게 최고의 기쁨과 최상의 목표가 되도록 제가 최선을 다하여 돕게 하소서!"

자녀들을 전능자의 그늘에 숨기라
06

믿음으로 모세가 났을 때에 그 부모가 아름다운 아이임을 보고 석 달 동안 숨겨 왕의 명령을 무서워하지 아니하였으며

히브리서 11장 23절

믿음으로 모세의 부모는 바로의 진노에서 모세를 숨겼다. 흔히 우리는 숨기는 것을 비겁한 일, 두려움의 행위로 간주한다. 그러나 우리의 자녀들을 숨기는 일이라면 용감한 믿음의 쾌거일 수 있다.

바로가 모세의 죽음을 노린 것 만큼이나 우리 자녀들의 몰락을 호시탐탐 노리는 자가 있다고 성경은 말한다. 바로 마귀, 사탄이다(벧전

5:8). 이 원수에게서 자녀를 '숨기는'것이야말로 영적으로 깨어 있는 부모들의 소명이고 본분이고 책임이다. 사실 베드로는 우리에게 마귀의 궤계에 대하여 '근신할' 것을 명했다. 극단으로 치우쳐 지나치게 사탄에게 치중하는 사람도 있지만, 대다수의 현대인들은 반대편 극단으로 치닫고 있다. 마귀의 궤계를 식별하지 못하거나 아예 마귀의 존재를 인정하지 않는 것이다.

단도직입적으로 말해서 사탄은 당신의 자녀를 미워한다. 당신의 자녀가 인생을 허송하고 하나님께 반항하며 이 땅의 짧은 인생 동안 말할 수 없는 아픔과 고통을 자초한다면 사탄은 만세를 부를 것이다. 그들의 구원을 앗아갈 수 없다면 적어도 사탄은 하나님의 교회에서 그들이 재생산 능력을 갖춘 열매 맺는 일원이 되지 못하도록 막으려 할 것이다. 이 땅에서 하나님 일의 장래는 용기와 믿음과 성품으로 당당히 외칠 믿음의 자녀들에게 달려 있다. 그러므로 하나님께 반역한 사탄은 당신의 자녀를 불구대천의 원수로 본다.

그런데 우리는 자녀들을 준비시키지도 않은 채로 사탄이 좋아하는 길로 떠밀 때가 얼마나 많은가. 신앙의 기초를 든든히 다져 주려는 노력도 없이 아이들이 알아서 성경의 교훈을 흡수하려니 생각한다. 자녀들이 어떤 교사에게 무엇을 배우고 있는가보다 자녀들을 어떻게 학교에 데려다 줄 것인가가 우리의 더 큰 관심사다. 자녀들의 교우 관계도 단속하지 않고 그들이 언제 어디서든 누구하고나 어울리도록 방치

한다. 욕설이 '너무 난무하지' 않고 성적인 장면들이 '너무 노골적이지' 않은 한 자녀들이 끔찍한 메시지가 담긴 영화를 보는 것도 방관한다.

그런 환경으로부터 자녀들을 숨겨야 한다는 생각이 두려움에 굴하는 것이며 과잉보호라고 말할 사람들도 있을 것이다. 이번 장의 첫 단락을 읽으면서 그런 생각이 들었을 수 있다. 그러나 모세의 부모가 모세를 숨긴 것을 두고 성경 기자는 두려움의 행위가 아닌 큰 믿음의 행위로 기록하고 있다. 어쩌면 우리는 반대편으로 너무 멀리까지 갔는지도 모른다. 아이들을 과잉보호하는 것을 너무나 우려한 나머지, 이 세상에 무분별하게 완전히 노출되는 데서 비롯될 수 있는 지극히 현실적인 위험을 간과하는 것이다.

자녀들을 위하여 기도하며 그들이 무엇을 보고 누구를 만나는지 단속하고 적절하게 훈계하는 것은 영적으로 건강한 방식으로 자녀들을 숨기는 것이다. 물론 '숨김의 정도'는 자녀가 성장함에 따라 달라진다. 그들이 위험한 세상으로 나갈 나이가 되었을 때는 그들에게 필요한 것들을 두루 갖추게 하여 스스로 영혼의 적에게 맞서게 해야 한다.

혼자서도 인터넷을 사용하게 된 십대 아들과 최근에 포르노에 대하여 대화한 기억이 난다. 나는 이렇게 말했다.

"아들아, 포르노란 담배와 같은 거야. 담배를 피우다가 끊어도 허파에는 그 독소의 흔적이 그대로 남아 있단다. 허파는 딱 둘뿐인데 말이다. 너의 생각도 마찬가지야. 너의 머릿속을 그런 것들로 채운다 해도 하나님은 너를 용서하시겠지만, 너의 하나뿐인 머리는 영향을 입게 된단다. 너의 생각을 순수하고 건강하게 지켜야 해. 하나님이 우리에게 온갖 종류의 성적인 부도덕을 피하라고 하신 데는 그만한 이유가 있는거야."

숨김의 기초는 두려움이 아니라 믿음이다. 시편 91편을 여기 전부 옮길 수는 없지만 처음 부분만 살펴보자(나중에 전체를 읽어 보기 바란다).

"지존자의 은밀한 곳에 거주하며 전능자의 그늘 아래에 사는 자여, 나는 여호와를 향하여 말하기를 그는 나의 피난처요 나의 요새요 내가 의뢰하는 하나님이라 하리니 이는 그가 너를 새 사냥꾼의 올무에서와 심한 전염병에서 건지실 것임이로다"(시 91:1~3).

우리 그리스도인들은 안전하면서도 아름답고 기이한 피난처와 숨을 곳을 복으로 받았다. 바로 지존자의 은밀한 곳, 전능하신 자의 그늘이다. 우리는 두려움 속에 살아갈 필요가 없다. 오히려 반대로 하나님의 공급하심 덕분에 견고한 확신 가운데 살아갈 수 있다. 우리가 우리 몫을 다하면 나머지는 하나님이 다 알아서 해 주신다는 확신이다. 더 이상 자녀를 숨길 수 없는 시점, 자녀를 보호하는 것이 더 이상 적절한 처사가 되지 못하는 시점, 온갖 유혹과 덫이 널려 있는 세상에 자녀들이 정면으로 맞서야 할 시점이 틀림없이 오기 때문이다.

9년간 홈스쿨로 기른 우리 아들을 다시 공립학교에 보낼 때 우리 부부는 약간 기운이 빠졌다. 그래도 우리는 최선을 다하여 아들을 준비시켰다. 흔쾌히 추천하고 싶은 스티브 제럴리(Steve Gerali)의 책 《고등학교에서 그리스도인으로 남는 법》(How to Stay Christian in High School)을 읽히고 대화도 많이 나누고 기도도 많이 해 주었다. 대화는 지금도 계속되고 있다. 이슈가 생길 때마다 우리는 그 문제를 하나님의 말씀에 비추어 검토한다. 아들을 세상에 내보내면서도 하나님의 진리와 지혜와 계시 안에 그를 '숨기려'는 것이다.

자녀들을 그렇게 내보내는 일에 공을 들이는 것은 조금도 부끄러운 일이 아니다. 앤드류 머레이는 이런 조언으로 부모들을 격려한다.

> 세상의 자극물들이 없는 단정한 가정생활 속에 당신의 자녀를 숨기라. 원수가 침입할 수 없는 그 은신처를 마련하는 것이야말로 우리 믿음의 지고한 사명 중의 하나다. 자녀가 세상과 접촉해야 할 시점이 와도 당신은 이스라엘을 지키시는 분께 여전히 자녀를 맡길 수 있다. 자녀들을 세상과 떼어 둘 수 없다고, 자녀들이 시류를 따라가야만 한다고 주장하는 다른 사람들의 말을 겁내지 말라. 대신 당신의 믿음을 강하게 하라.[20]

부모들이여, 방심하지 말라. 세상은 자녀들이 무방비 상태로 감시 없이 나다닐 수 있는 안전한 곳이 아니다. 그리스도인 부모 밑에 태어난 자녀들에게는 기독교를 대적하는 인정사정 없는 적이 있다.

그러나 또한 힘을 얻으라. 지존자의 은밀한 곳, 전능하신 자의 그늘 아래에 우리의 자녀들을 숨길 때 우리는 두려워할 필요가 없다. 우리는 반드시 깨어 있어야 하지만 그 깨어 있음은 능하신 하나님을 믿는 우리의 확신에서 비롯된다. 하나님은 우리와 협력하여 그분의 나라를 위하여 경건한 자녀들을 기르시는 분이다.

당신의 자녀가 위험한 곳에 있는가? 건져 내라.

당신의 자녀가 해로운 적의 영향 아래 있는가? 구해 내라.

자녀들에게 적에 대하여 알려 주는 동시에 전능자의 그늘과 은밀한 곳에 피난처가 있다는 위로와 확신으로 격려해 주자. 아직 그럴 수 있을 때 믿음으로 우리 자녀들을 숨기자.

희생의 계절을 즐거이 맞이하라
07

어린 아이가 부모를 위하여 재물을 저축하는 것이 아니요 부모가 어린 아이를 위하여 하느니라 내가 너희 영혼을 위하여 크게 기뻐하므로 재물을 사용하고 또 내 자신까지도 내어 주리니 너희를 더욱 사랑할수록 나는 사랑을 덜 받겠느냐

고린도후서 12장 14~15절

내가 썼던 《상 주시는 믿음》에 말한 것처럼 언젠가 하나님은 머뭇거리는 나에게 이런 말씀으로 도전하셨다.

"게리, 그러니까 네 말은 아무런 희생이 없을 때만 그리스도인처럼 살겠다는 거로구나."

자녀 양육에도 똑같은 원리가 작용하고 있음을 깨달았다. 나는 여러 모로 아빠 노릇을 좋아하지만 자녀 양육에 종종 희생이 따른다는 사실을 받아들이기 힘들 때도 있다. 사도 바울이 고린도후서에서 바로 그 말을 하고 있다.

"어린 아이가 부모를 위하여 재물을 저축하는 것이 아니요 부모가 어린 아이를 위하여 하느니라. 내가 너희 영혼을 위하여 크게 기뻐하므로 재물을 사용하고 또 내 자신까지도 내어 주리니"(고후 12:14~15).

바울은 재정적인 면을 말하고 있지만 의미를 확대해 보면 분명하다. 모름지기 부모는 자녀를 위하여 희생해야 한다는 것이다.

예수께서 태어나신 지파의 조상이며, 우리가 잘 알고 있는 꿈꾸는 요셉의 형이었던 유다도 가정생활 중에 그러한 희생에 부닥쳤다. 극심한 기근으로 집안의 양식이 떨어졌는데, 유다는 곡식을 구할 수 있는 곳이 이집트 한 곳뿐임을 알았다. 하지만 이집트의 곡물을 관장하던 총리요셉는 막내 동생인 베냐민을 함께 보내지 않는 한 곡물을 내줄 수 없노라고 못박아 말했다. 아버지 야곱이 요셉처럼 베냐민을 잃을까 봐 기겁을 하자 유다는 베냐민의 안전을 자기가 책임지겠다고 나섰다.

"저 아이를 나와 함께 보내시면 우리가 곧 가리니 … 내가 그를 위하여 담보가 되오리니 아버지께서 내 손에서 그를 찾으소서 내가 만일 그를 아버지께 데려다가 아버지 앞에 두지 아니하면 내가 영원히 죄를 지리이다"(창 43:8~9).

유다는 맏아들이 아니므로 굳이 그렇게 자청하고 나서지 않아도 되었다. 그런데도 선뜻 목숨을 걸겠다고 한 사람은 유다뿐이었다. 집안의 생존이 달린 문제였다. 유다는 나서서 이렇게 말했다.

"내가 이 아이를 책임지겠습니다. 무슨 수를 써서라도 아버지 앞에 데려다 놓겠습니다."

유다의 보증은 혹독한 대가를 불러 왔다. 요셉이 베냐민에게 은잔을 훔친 누명을 씌웠을 때 유다는 베냐민을 아버지에게 무사히 돌려보내기 위해 몇 달 동안의 옥살이를 자청했다.

유다의 희생은 우리의 안전을 위한 예수님의 희생과 보장의 그림자였다. 유다처럼 예수님도 나서서 말씀하셨다.

"내 목숨에 어떠한 대가가 따를지라도 내가 직접 책임을 지겠다."

유다와 예수님의 영적인 후손인 우리도 이제 부모로서 자녀를 위하여 나서서 희생해야 할 사명이 있다. 유다처럼 우리도 하늘 아버지를 보며 이렇게 말해야 한다.

"무슨 수를 써서라도 이 아이들을 아버지 앞에 두겠습니다. 제가 희생하겠습니다. 아이들의 삶에 개입하겠습니다. 아이들을 바로잡아 주고 지도하고 격려하고 위해서 기도하겠습니다. 어떤 대가도 마다하지 않고 꼭 이 아이들을 아버지 앞에 두겠습니다."

이 사명은 날마다 시험대에 오르고 있다. 나는 올빼미형이 아니다. 나는 아침 식전에 두어 시간 일하고 식후에 일하고 점심 먹은 후에 일한다. 저녁 시간이면 나의 하루는 '끝난' 셈이다. 그때는 느긋하게 쉬면서 책도 읽고 가끔 텔레비전도 보곤 한다.

그것이 나의 취향이다. 그러나 자녀들이 십대가 된 지금은 하루 중에 그때가 자녀들과 만나서 대화하고 함께 시간을 보낼 수 있는 최적의 시간이다. 저녁 시간을 희생당하지 않는 한에서 아빠가 될 것인가, 아니면 어떤 희생도 마다하지 않고 아빠가 될 것인가? 단 1분이라도 우리가 자녀와 함께 보내는 시간은 뭔가 우리의 다른 일을 희생한 대가다. 그런데 이런 희생을 중단하는 부부들을 종종 본다. 그들은 더 이상 자식들 때문에 취미 생활을 '방해받지' 않기로 마음먹고 저녁 시간을 자녀와 함께 보내기보다 자신들의 취미 생활로 보내곤 한다. 그래서 자녀들은 집에서 홀로 놀거나 택시의 단골 고객이 된다.

반면 나의 친구 케빈 디비어(Kevin DeVere)를 좋은 아빠의 본보기로 소개하고 싶다. 케빈은 중학교 교장이라서 시간적으로 꽤 빡빡한 편이다. 나처럼 케빈도 장거리 달리기를 시작했는데, 뛰는 시간이 늘어나 세 시간이 넘게 걸린다. 하루는 마라톤 절반에 해당하는 거리를 달리던 중에 내가 케빈에게 어둡기 전에 운동하기 위해 일을 일찍 끝내는 게 힘들다고 불평을 했다. 그러다가 나는 스케줄에 융통성이 훨씬 적은 케빈은 어떻게 하고 있는지 물어 보았다.

"말하기 좀 창피하군." 그가 말했다.

"말해 보게." 내가 재촉했다.

"글쎄, 장거리를 뛸 때는 새벽 3시 20분에 일어난다네."

"설마하니! 그러니까 시종 어둠 속에서 뛴단 말인가?"

"그렇지. 하지만 게리, 저녁 때 직장에서 퇴근하자마자 어떻게 아이들한테 '얘들아, 미안하지만 아빠는 두 시간쯤 더 나갔다 와야겠구나'라고 말할 수 있겠나? 그건 도저히 못할 일이지."

케빈은 가정을 자기의 취미에 맞추는 것이 아니라 자기의 취미를 가정에 맞추는 사람의 본보기다.

사실 자녀 양육은 희생의 계절이라는 말로 가장 잘 정의될 것 같다. 이 일은 아이들이 다 성장할 때까지 지속되어야 하는 일이다. 아이들이 한창 사춘기를 지날 때 부모가 희생을 중단한다면 그것은 전투 중에 군대를 버리는 것과 영적으로 같은 일이다.

자녀 양육은 쉽지만은 않은 여정이다. 그러나 우리는 이 일을 끝까지 해내야 한다. 아이들이 그 존재 자체로 우리의 시간과 돈과 집중적인 관심을 요하는 것은 영적으로 정당한 일이다. 바깥 활동이 아이들 때문에 어느 정도 제한을 받는 것도 당연한 일이다.

하나님이 나에게 지적해 주셨던 그 덫에 빠지지 말자.

"그러니까 네 말은 아무런 희생이 없을 때만 부모 노릇을 하겠다는 거로구나?"

이 아름다운 희생의 계절을 끝까지 잘 마치자.

가장 중요한 것을 선택하라
08

마르다는 준비하는 일이 많아 마음이 분주한지라 예수께 나아가 이르되 주여 내 동생이 나 혼자 일하게 두는 것을 생각하지 아니하시나이까 그를 명하사 나를 도와 주라 하소서 주께서 대답하여 이르시되 마르다야 마르다야 네가 많은 일로 염려하고 근심하나 몇 가지만 하든지 혹은 한 가지만이라도 족하니라 마리아는 이 좋은 편을 택하였으니 빼앗기지 아니하리라 하시니라

누가복음 10장 40~42절

벨링햄 지역의 목사이자 좋은 친구인 매트 앳킨스는 어느 날 오후 퇴근하던 길에 현관 앞에서 걸음을 멈추었다. 새로 산 지 일주일밖에 안 된 미니밴 옆쪽에 허옇게 쭉 긁힌 자국이 눈에 띄었던 것이다.

"이게 어떻게 된 일이야?" 그는 고함을 질렀다.

흥분한 아빠의 모습에 놀란 딸이 쭈뼛쭈뼛하며 고백하기를 자전거를 타고 차고로 들어가다가 그만 자전거 핸들에 새 차가 긁혔다고 했다. 매트는 화가 났다. 딸이 철칙을 어겼을 뿐만 아니라 그 과정에서 큰돈이 나갈 귀찮은 일거리를 만들어 냈던 것이다.

매트의 부인 로라가 '대화'를 듣고 나와서는 즉각 딸을 데리고 들어갔다. 부인의 말은 딱 한마디였다.

"그래 봐야 자동차예요."

그 한 마디 말이 내 친구를 진정시키기에 충분했다.

"딸아이는 쇳덩이를 긁어 놓았지만 자칫 잘못하면 나는 한 인격에 상처를 낼 뻔 했지."

매트는 그렇게 고백했다.

긁힌 쇳덩이와 상처난 인격을 대비한 매트의 통찰은 바른 시각을 유지하는 데 도움이 된다. 정말로 무엇이 더 중요한가? 집에 어린아이가 있는데 그 아이가 이따금씩 사고를 치거나 뭔가 고장을 내거나 망가뜨리는 일이 한 번도 없다는 것은 불가능한 일이다. 그런데도 우리는 우리를 불편하게 만들었다고 아이들에게 죄책감이 들게 하기 일쑤다. 긁힌 쇳덩이와 상처난 인격 중에 무엇이 더 중요한지 너무나 쉽게 잊어버린다.

하먼 킬러브루(Harmon Killebrew)는 야구의 명예의 전당에 오르는 기념식에서 자신의 부모를 애틋하게 회고했다. 어느 날 그들 형제가 마당에서 야구를 하고 있는데 어머니가 화가 나서 푸념을 했다.

"너희들 때문에 잔디가 망가지잖아!"

그러자 하먼의 아버지가 이렇게 되받았다.

"우리가 키우고 있는 것은 아이들이지 잔디가 아니오."

아이들이 어릴 때 부모의 삶은 하나의 흐릿한 덩어리와 같다. 우리는 집을 깨끗이 하려고 애쓰고, 서로 겹치는 일들에 질서를 잡으려고 낑낑대고, 결혼생활에 열정과 낭만을 지키려고 노력하며, 바라기는 하나님 나라를 먼저 구하려고 한다. 이처럼 흐릿한 삶 가운데서 부차적인 목표들, 즉 깨끗한 집과 그림 엽서처럼 완벽한 마당 등은 우리의 궁극적인 목표의 적이 될 수 있다.

깨끗한 집이 중요하지 않다거나 마당을 제대로 관리할 필요가 없다는 뜻이 아니다. 다만 나는 하먼의 아버지가 핵심을 찔렀다고 본다. 결국 무엇이 더 중요한가? 궁극적인 목표를 달성하려면 일부 좋은 목표들을 잠시 제쳐 두어야 한다는 것이 오늘 우리의 삶이 요구하는 기정사실이다. 이러한 선택에 놓일 때 우리는 무엇이 가장 중요한지 결정해야 한다.

아이들과의 긍정적인 관계, 양육과 격려의 관계보다 흠 없는 방바닥을 더 중시하지 않도록 조심하자. 아이들과 함께 살면서 집에 뭔가 지저분한 자국들이 남지 않는다는 것은 불가능한 일인데, 그것 때문에 괜히 아이들에게 죄책감이 들게 하지 않도록 조심하자. 아이들이 바닥을 더럽히거나 벽에 낙서를 하거나 빨랫감을 잔뜩 쌓아 놓지 않을 날이 곧 온다. 그때가 되면 우리는 마당이 여기저기 패여 있고 집에 아이들이 있다는 표시가 나는 정든 옛날이 그리워질 것이다.

어쩌면 당신이 이런 완벽하게 정리정돈된 집, 잘 짜여진 스케줄 등의 기대에서 해방시켜 주어야 할 사람은 자녀들이 아니라 당신 자신일지도 모른다. 얼마 전 내가 출장을 갔다가 집에 돌아오니 아내가 집을 치우지 못했다며 미안해 했다. 내가 오기 전 24시간 동안 아내는 이 나라의 어떤 여자 못지않게 열심히 일했다. 나는 아내의 스케줄을 알고 있었다. 아내가 내린 선택들도 알았다. 그리고 그 모든 선택이 옳은 것이었다. 미처 손이 닿지 못하는 부분이 있다 하여 아내가 미안해 할 것은 전혀 없었다.

당신 자신과 가족들을 해방시켜 주라. 따로 사람을 쓸 형편이 되는 경우가 아니고는, 아이들이 있는 집 치고 집과 정원을 전문잡지에 소개될 만큼 가꿀 수 있는 사람은 없다. 손님들이나 지나가는 사람들이 우리집 잔디밭을 보고 감탄하지 않을지도 모른다. 아직도 손보아야 할 몇 가지 일들이 뻔히 보일 수도 있다. 그러나 우리가 키우고 있는 것은 잔디가 아니라 아이들이다.

매트의 통찰을 잊지 말자. 쇳덩이가 긁혔다고 해서 인격에 상처를 내는 것이 정당화될 수는 없다.

무자한 여인의 노래를 기억하라
09

가난한 자를 먼지 더미에서 일으키시며 궁핍한 자를 거름 더미에서 들어 세워 지도자들 곧 그의 백성의 지도자들과 함께 세우시며 또 임신하지 못하던 여자를 집에 살게 하사 자녀들을 즐겁게 하는 어머니가 되게 하시는도다 할렐루야

시편 113편 7~9절

윌리엄 마틴(William Martin)의 소설 《하버드 뜰》(*Harvard Yard*)에 17세기의 어느 유복한 청교도가 나오는데 그는 인생의 가장 큰 빈곤 중의 하나에 봉착해 있었다. 바라고 바라던 자식이 없었던 것이다.

존은 창 밖으로 눈만 들면 주님의 풍성한 복이 보였다. 채소밭과

그 너머로 커다란 포구와 배들이 훤히 보였다. 부인이 유산으로 받은 배가 여섯 척, 그의 지혜로 사들인 배가 여섯 척이었다.

… 그러나 그의 경건과 믿음이 모자랐던 탓인지 주님의 복 중의 가장 풍성한 복이 존 웨지에게는 주어지지 않았다. 집안 가득 퍼지는 행복한 소음이 없었던 것이다. 그의 아침녘의 소리는 늘 똑같았다. 스프를 휘젓는 여자 노예의 콧노래 소리, 계약 노동자의 빗질 소리, 부인의 얌전한 기침 소리였다. 아이들의 말다툼 소리, 다툼을 말리려고 언성을 높이는 엄마의 소리는 들을 수 없었다. 그는 그것만 얻을 수 있다면 다른 것은 다 버릴 수도 있을 것 같았다.[21]

나는 소설을 읽다가 멈추는 경우가 많지 않은데 이 마지막 강력한 문장 앞에서 잠시 멈추었다.

"그것만 얻을 수 있다면 다른 것은 다 버릴 수도 있을 것 같았다!"

자녀 양육은 아주 힘들고 고된 일들의 연속이다. 그 고역에 파묻혀 우리는 자칫 무자한 부부들의 노래를 잊을 수 있다. 그 노래는 우리에게 통찰력과 감사의 전혀 새로운 지평을 열어 준다.

사실 우리는 성취된 꿈속을 살고 있다. 하나님이 주실 수 있는 가장 큰 복 중 하나는 무자한 부부를 취하여 시편기자의 표현대로 '즐거운 부모'가 되게 하시는 것이다. 아이들은 엄청난 선물이다. 하나님의 자비로운 은총이 육신을 입고 온 기적들이다. 그러나 때로 치닥거리에 너무 매이고 잠까지 뭉텅 빼앗기다 보면 아이들이 선물로 보이지 않고 짐으로만 보이게 된다.

하지만 우리가 더러운 기저귀에 싫증낼 때 무자한 부부들은 살아 숨쉬는 아기, 깨끗이 닦아 주어야 할 아기를 갈망한다. 아이 때문에 직장을 그만두는 부모를 우리는 '포로'가 된 것처럼 느끼지만 무자한 부부들은 웃음꽃이 피는 집, 귀한 아이의 존재로 인한 즐거움으로 본다. 우리가 재정적인 의무를 볼 때 무자한 부부들은 드디어 돈을 쓸 가치가 있는 대상을 본다.

자녀들을 여기저기 데려다 주는 일이 힘들어 불평하게 되거든 이것을 잊지 말라. 무자한 여인은 데려다 주고 데려 와야 할 아이만 있다면 하루 스물네 시간 내내 즐거이 운전대를 잡을 것이다.

하나님이 살아 숨쉬는 한 인간을 우리의 보호에 맡기셨다! 이 기적 중의 기적을 절대로 잊지 않았으면 좋겠다.

앞서 출간한 책 《부모학교》(CUP)의 초고가 나왔을 때 원고를 읽어 본 어떤 독자는 "가정이 주는 기쁨과 같은 기쁨은 없다"는 나의 글에 대해 이의를 제기했다. 이 말이 잘 살고 있는 독신자들에게 불쾌감을 줄 수도 있지 않겠느냐는 반응이었다. 독신자들에게 불쾌감을 줄 마음은 추호도 없지만 그래도 나는 그 말을 지지한다. 가정이 주는 기쁨과 같은 기쁨은 정말로 없다.

물론 독신자들도 풍성하고 의미 있고 충만한 삶을 살 수 있다. 그들은 결혼한 사람들이 절대로 알 수 없는 태평한 차원의 행복을 얼마든지 맛볼 수 있다. 그러나 자녀 양육이라는 긴 여정에서 자녀와 함께 웃는, 이 둘도 없는 기쁨만은 절대로 경험할 수 없을 것이라고 생각한다. 그 웃음은 때로 말썽 피우고 재롱 부리는 아이들과 함께 살며 자녀를 보살피면서, 기뻐하고 훈육하고 자녀를 위하여 희생하고 자녀에게 화내고 자녀 때문에 마음이 찢어지고 녹아지고 넓어지는 데서 생겨난다.

시편 기자도 이보다 더 분명히 말할 수는 없었을 것이다. 하나님의 가장 풍성한 복 중의 하나는 잉태하지 못하던 여자로 집에 거하게 하사 자녀의 즐거운 어미가 되게 하시는 것이다.

하나님이 당신을 집에 거하게 하사 자녀의 즐거운 어미나 아비가 되게 하셨다면 그것을 하나님의 선하신 은총으로 받아들이라. 당신이 걷고 있는 이 여정을 인하여 그분께 뜨겁게, 그리고 자주 감사하라. 당신은 자녀들이 복으로 보이는가? 일부 무자한 여인들이 당신에게 있는 것을 자기도 얻을 수만 있다면 자신의 오른팔이라도 내주리라는 마음을 당신은 알고 있는가? 그들은 당신의 모든 고충을 불평 없이 즐겁게 떠맡을 것이다. 자신의 빈 품에 둘이나 셋, 넷은 고사하고 그저 한 아이라도 안을 수만 있다면 말이다.

어젯밤에 나는 교회 중고등부 모임을 마친 우리 아이들을 집으로 데리고 왔다. 차 안에서 아이들과 함께 웃고 떠들고 교회에서 있었던 이야기들을 함께 나누면서 이런 생각이 들었다.

"이 땅에 바로 이런 순간 만큼 행복한 순간이 있을까? 아이들과 함께 있는 이 시간보다 멋진 시간이 있을까? 이 아이들보다 나를 행복하고 벅차게 만드는 사람이 있을까? 이 한순간을 위하여 내 시간을 투자하는 것보다 값진 일이 있을까? 지금 이 순간 그대로 완벽하다. 그리고 나는 이대로 족하다."

자녀를 양육하는 우리는 정말 복 받은 사람들이다.

물론 우리의 자녀들은 완벽하지 않다.

싹싹하게 굴지 않을 때도 있다!

그러나 불평이 터져 나오려 할 때마다 무자한 부부들의 마음을 생각하자.

두려움에게 안녕을 고하라
10

> 큰 광풍이 일어나며 물결이 배에 부딪쳐 들어와 배에 가득하게 되었더라 예수께서는 고물에서 베개를 베고 주무시더니 제자들이 깨우며 이르되 선생님이여 우리가 죽게 된 것을 돌보지 아니하시나이까 하니
>
> 마가복음 4장 37~38절

    1999년 4월 콜럼바인 고등학교에서 잔인한 총기 사고가 나던 때에 친구 부부의 두 자녀가 그 학교에 다니고 있었다. 전국적으로 보도되지는 않았지만 그 뒤로 몇 달 동안 다른 몇 건의 비참한 사건들이 그 도시를 할퀴어 놓았다. 설상가상으로 정서 장애가 있는 한 교인이 내 친구 가정을 잔인하게 괴롭히기 시작했다(그 당시 친구 부부는 둘 다 어느

지역 교회에서 중직자로 섬기고 있었다). 그 사람은 내 친구네 자동차에 거름을 던졌고, 교회 사무실 창에 불결한 낙서를 하고, 자동차 타이어를 난도질했다. 한 번은 집 밖에 세워 둔 차를 부수기도 했다.

그 도시에서 일어나는 많은 비참한 사건들에다 따로 그 가정을 겨냥한 전쟁까지 더해지자 그 친구의 어린 딸은 "더는 못 견디겠어요"라며 힘들어 했다. 결국 그들은 딸을 다른 주에 있는 기숙사 학교로 보내기로 승낙했다. 몇 달 간의 연구 끝에 그들은 뉴욕시 롱아일랜드에 있는 아주 명망 높은 사립학교로 보내기로 결정했다. 친구 부부가 심리적인 타격을 입은 딸을 뉴욕에 내려 준 날은 2001년 9월 9일이었다. 그로부터 48시간 후에 테러리스트들이 비행기 두 대로 세계무역센터를 들이받았다.

대다수의 우리 자녀들은 이 정도의 일련의 대참사를 겪지는 않는다. 그러나 멀리 떨어져 있지만 그런 소식을 접하기만 하는 우리에게도 자녀의 안전에 대한 두려움은 충격으로 다가왔다. 그러한 위험은 지극히 현실적이기 때문이다.

위대한 침례교 설교자 찰스 스펄전은 설교에서 이 주제를 다루었다. 기억하겠지만 한번은 예수께서 폭풍 중에 잠이 드셨다. 제자들이 죽음을 겁낼 정도로 사나운 폭풍이었다. 예수님이 제자들을 위해서 죽으실 정도로 그들을 아끼셨다는 것을 우리는 안다. 그런데 그 위기의 순간에 그분의 태연한 태도가 어찌나 한결같고 어찌나 흔들림이 없던지 그분이 제자들을 아끼시지 않았다고 믿어질 정도다. 그게 아니라면, 예수님은 우리에게는 없는 하나님에 대한 절대적인 신뢰 속에 사셨다는 결론만이 가능하다. 스펄전은 예수님의 침착한 태도와 우리의 안달하는 염려를 솜씨 좋게 비교했다.

> 하나님께 대한 우리의 확신은 마땅히 우리에게 있어야 할 정도의 절반도 되지 않습니다. 우리들 중에 믿음이 가장 좋다는 사람들도 마찬가지입니다. 주님은 우리의 무한한 믿음, 절대적인 확신, 올곧은 의지를 받아 마땅하신 분입니다.[22]

하나님이 '우리의 무한한 믿음, 절대적인 확신' 그리고 나아가 '올곧은 의지'를 받아 마땅하신 분이 아니라고 말할 사람이 우리 중에 누가 있겠는가? 그런데도 우리는 자녀라는 소중한 존재에 대하여 마치 그분의 섭리적인 돌보심을 아예 믿을 수 없다는 듯이 안달복달할 때가 얼마나 많은가?

예수님이 아버지를 전폭적으로 믿으신 것처럼 우리도 동일하신 하늘 아버지를 믿어야 한다고 스펄전은 말한다.

> 경비원을 고용하여 우리 집을 지키게 해 놓고는 나까지 도둑이 들까 두려워 밤을 샌다면 그것은 어리석은 일입니다. 경비원의

경비를 믿을 수 없다면 경비원을 둘 까닭이 무엇입니까? "네 짐을 여호와께 맡기라"(시 55:22)고 하셨습니다. 단, 맡겼으면 계속 그분께 두어야지 다시 여러분이 지려고 해서는 안 됩니다. 그렇지 않으면 여러분은 하나님을 우롱하는 것입니다. 하나님의 이름만 들먹이고 하나님의 실체는 무시하는 것입니다. 예수께서 하신 것처럼 여러분도 모든 염려를 내려 놓으십시오. 그분은 태연히 배 뒤쪽으로 가서서 조용히 베개를 베시고는 주무셨습니다.[23]

하늘 아버지를 믿으셨기에 예수님은 가뿐한 자유를 얻으셨고 그 자유로 폭풍을 노려보실 수 있었다. 예수님은 폭풍을 제자들에게 맡기신 것이 아니라 천기를 주관하시는 하나님께 맡기셨다. 그분은 제자들의 안전에 대하여 무심하셨던 것이 아니다. 그분은 아버지의 섭리적인 개입과 관심과 주권적인 보호를 확신하셨던 것뿐이다.

하나님의 이름만 들먹이고 하나님의 실체는 무시한다는 스펄전의 지적에 가장 찔린 사람은 바로 나일 것이다. 때로 안달복달할 때면 나는 꼭 무신론자처럼 행동한다. 말로는 믿는다고 하면서 믿음의 행동을(적어도 믿음 안에 쉬는 것을) 끈질기게 거부하는 것이다. 어쩌면 하나님이 우리에게 자녀를 주신 데는 우리의 믿음을 더 견고하게 하시려는 뜻도 있지 않을까. 하나님의 이름만 들먹일 뿐 그분의 실체 속으로 들어가지 않는 그 수준에 안주하지 못하도록 말이다.

자녀 양육이야말로 인간의 다른 어떤 경험보다도 우리의 마음속에 두려움을 들이미는 경향이 있음을 스펄전은 솔직히 인정한다.

> 여러분은 자녀에 대한 염려의 짐을 하나님께 맡기기 힘들어 합니다. 하지만 우리 주님은 자신의 소중한 사람들을 아버지께 맡기셨습니다. 우리의 자녀들이 우리에게 귀한 것 만큼이나 예수님의 제자들도 그분께 소중했다고 생각하지 않습니까? … 친히 택하여 부르신 그들, 그분의 시험 중에 그분과 함께한 그들을 우리 주님은 극진한 애정으로 대하셨습니다. 그런데도 그분은 그들 모두를 아버지의 돌보심에 안심하고 맡기시고는 주무셨던 것입니다.[24]

우리가 여기에 무슨 반박을 할 수 있겠는가? 정말 우리는 예수께서 제자들을 등한히 여기셨거나 진실로 돌보시지 않았다고 말하기라도 할 셈인가? 예수님은 제자들을 이론상 죽을 수도 있는 위험한 싸움 속에 두셨고 본인도 그것을 아셨다. 그러나 그분은 하나님의 섭리가 그 싸움을 주관하실 것도 아셨다. 우연이나 운명으로 결과가 판가름 날 것이 아니라 하나님의 사랑의 돌보심이 그 일 속에 속속 스며들 것도 그분은 아셨다. 부모인 우리들 중에는 말로는 자녀를 하나님의 보호 아래 두지만 실제로는 마치 그분이 귀를 먹었거나 무력한 존재라도 되는 냥 염려함으로써 그분을 욕되게 하는 사람들이 있다. 스펄전은 부드럽게 우리를 격려한다.

"제가 하나님의 돌보심에 맡겼던 문제치고 끔찍하게 일이 틀어진 경우는 한 번도 없습니다."[25]

우리가 애태우는 것은 다분히 믿음의 부족일 뿐이다. 우리에게는 하나님이 계시다. 그런데 왜 그분이 안 계신 것처럼 염려한단 말인가? 이번 주에는 하나님을 확실히 의지하는 여정을 떠나보자. 다음과 같이 자신에게 몇 가지 반문을 해 보면 이 진리가 우리의 영혼에 더욱 굳어질 것이다.

- 우리 자녀들에게 누가 더 마음을 쓰는가? 우리인가, 하나님인가?
- 우리의 자녀들을 보호하기에 누가 더 능하고 더 잘 준비되어 있는가? 우리인가, 하나님인가?
- 누가 미래를(고작 10년이 아니라 영원 전체를) 더 잘 알고서 우리의 자녀들을 보고 있는가?
- 하나님을 사랑하는 자 곧 그 뜻대로 부르심을 입은 자들에게 모든 것이 합력하여 선을 이루게 할 능력이 누구에게 있는가?

나 혼자가 아니라고 스스로를 일깨우라. 자녀들을 계기로 하나님

의 보호와 섭리를 더욱 실감하게 되기를 바란다. 어느 날 우리도 예수님처럼 되기를 기도한다. 그분은 하늘 아버지를 온전히 신뢰하셨기에 그 폭풍 중에도 조용히 평화롭게 잠드실 수 있었다. 사랑하는 제자들일랑 주무시지 않는 아버지의 보호에 맡기시고 말이다.

자녀에게 함부로 대하지 말라
11

삼가 이 작은 자 중의 하나도 업신여기지 말라 너희에게 말하노니 그들의 천사들이 하늘에서 하늘에 계신 내 아버지의 얼굴을 항상 뵈옵느니라

마태복음 18장 10절

예수님은 우리에게 그분의 '소자' 중의 하나에게 벌어지는 일도 하나님이 절대로 놓치시지 않는다고 말씀하신다. 그러니 우리는 우리의 방 안에서 벌어지는 일들을 하나님이 죄다 보고 계시다고 얼마든지 확신해도 좋다. 당신에게는 그것이 격려로 다가오는가, 아니면 경고로 다가오는가?

어린 사람이라고 해서 '덜 된' 사람이 아니라는 사실을 우리는 잊어서는 안 된다. 어리다고 해서 나이든 사람보다 가치가 떨어지는 것이 아니다. 그런데 왜 부모인 우리들은 다른 사람들에게는 절대로 그러지 않으면서 때때로 자녀에게 함부로 대하는가?

여기에 대한 '미스 매너'의 입장은 단도직입적이면서도 옳다.

> 아이들에게 무례한 것도 엄연히 무례다. 아직 어리고 혈연관계가 있다고 해서 자기 맘대로 욕을 해도 된다는 뜻은 아니다. 만약 그렇게 대한다면 그것은 아이들에게도 똑같은 기술을 가르치는 꼴이 된다. 그래서 이런 고리타분한 대화가 나오게 된다. "감히 엄마한테 그게 무슨 말버릇이냐?" "엄마도 나한테 그랬잖아요." "그건 달라." "뭐가 달라요?" 이런 식이다. 무엇이 다르냐 하면, 아이들이 하면 '건방진 말대꾸'가 되고 부모가 하면 '훈육'이 된다는 것이다.[26]

자식에게 무례한 부모들은 자식이 우선 하나님의 것임을 망각하는 것이다. 자녀들은 우리 마음대로 해도 되는 우리의 소유물이 아니다. 우리 자녀를 지으신 분은 하나님이시다. 그분은 각 아이마다 독특한 미래를 설계해 두셨다. 우리가 자녀를 세워 주지 않고 오히려 비하하고 깎아내림으로써 그 미래를 꼬이게 만든다면 우리는 하나님의 뜻을 대적하고 있는 것이다. 그런 우리에게 그분이 책임을 물으실 것은 뻔하다.

우리는 작물을 재배하는 것도 아니고 애완용 햄스터를 돌보는 것도 아니다. 살아 있는 인간을 길러내고 그들에게 영향을 미치는 것이 부모인 우리의 사명이다. 아이들은 하나님의 형상대로 지음 받았고 예수께서 위하여 죽으신 존귀한 생명체다.

우리의 행동은 중대한 결과를 낳을 수 있으며, 이 연약한 존재들을 깨뜨릴 힘이 우리에게 있다. 그 힘으로 은근히 피해를 가하는 부모들도 있다. 예컨대 "그렇게 해서 완성시킬 수 있겠니?" "왜 그렇게 꾸물거려? 빨리 좀 하지" 등의 완전주의적인 말을 끊임없이 퍼부을 수 있는데, 그렇게 되면 아이들이 자신을 기준 미달로 느낄 것은 자명하다. 또한 우리는 수동적인 공격 방식으로 아이들에게 상처를 줄 수도 있다. 예를 든다면 아이들이 애정을 원하는 줄 알면서도 고의로 애정을 거두는 것인데, 그 결과로 아이들은 난잡한 삶에 빠져들게 된다. 어쩌면 우리는 너무 바쁘기도 하고 태만하기도 하여 아이들을 제대로 훈육하지 않을 수도 있다. 그렇게 되면 아이들은 재정이나 생의 중대사에서 잘못된 선택들을 내려 결국 파멸을 맞을 수도 있다.

우리의 잘못이 어느 쪽이든 이보다 위험한 일은 없다. 우리에게도 그렇고 자녀들에게도 그렇다. 부모가 부당하게 무시하는 행위는 자녀를 참담하게 만들 뿐 아니라 부모 자신까지 영적으로 망쳐 놓을 수 있다. 자녀의 적이 되는 것은 곧 하나님의 적이 되는 것이기 때문이다. 예수님은 우리에게 이렇게 경고하신다.

"누구든지 나를 믿는 이 작은 자 중 하나를 실족하게 하면 차라리 연자 맷돌이 그 목에 달려서 깊은 바다에 빠뜨려지는 것이 나으니라"(마 18:6).

"자식이 스스로 나의 원수가 된다면?"

그렇게 물을 사람들도 있을 것이다. 그런 경우에라도 예수님은 우리에게 원수를 어떻게 대하라고 하셨던가? 무례하게 대하라고 하셨던가? 그들을 비하하고 망신을 주고 열등감이 들게 하라고 하셨던가? 아니다! 예수님은 "너희 원수를 사랑하라"고 말씀하신다(마 5:44).

하나님은 우리의 자녀들이 잘 되기를 간절히 바라신다. 그들의 영원한 안전을 보장하시려고 자기 아들까지도 아끼시지 않았을 정도로 말이다. 최고의 희생 제물을 바치시고 최고의 값을 치르신 하나님이 우리가 자녀들을 무례하게 대하는 것을 기뻐하시겠는가? 그들의 영적인 건강에 그토록 애쓰시는 하늘 아버지가 우리의 '은밀한' 집에서 벌어지는 일들을 깜빡 잊고 감찰하시지 않을 것 같은가?

성경에 따르면 은밀한 집이란 존재하지 않는다. 특별히 어린아이들의 안전을 지켜보는 사명을 받은 영적인 존재들이 있어 자녀들 위에 머물고 있다.

"삼가 이 작은 자 중의 하나도 업신여기지 말라 너희에게 말하노니 그들의 천사들이 하늘에서 하늘에 계신 내 아버지의 얼굴을 항상 뵈옵느니라"(마 18:10).

당신의 가정에 한 아이를 맞이하면 하나님의 임재와 눈길이 보장된다. 자녀들의 존재는 우리가 은밀한 중에 살고 있지 않음을 일깨워 줄 수 있다. 우리는 하나님이 다 보시는 데서 살고 있다. 그분은 활동하시는 분이며 우리의 행위를 판단하시는 분이다.

하나님은 살펴 주신다. 하나님은 지켜보신다.

이번 주에는 하나님이 모든 대화를 들으시며 모든 행위를 보고 계심을 의식적으로 떠올려 보라.

앞에서도 말했지만 다시 한 번 말해 보자.

"하나님이 지금 여기 계신다!"

가장 소중한 사람에게 시간을 내라
12

해 아래에서 수고하는 모든 수고가 사람에게 무엇이 유익한가

전도서 1장 3절

"그는 마치 없었던 사람 같았습니다."

나는 그렇게 말하는 어니를 보았다. 그에게서는 잘 살아온 인생의 온화한 은혜가 느껴졌다. 어니는 열심히 일하여 가족들을 부양하다가 이제는 은퇴하여 자기 교회의 남성 사역을 세우는 일에 혼신의 힘을 다하고 있었다.

어니가 조기 은퇴를 선택한 데에는 은퇴 몇 년 전에 벌어진 한 사건도 일부 작용했다. 그가 다녔던 회사는 미국에서 가장 안정되고 유명한 회사들 중 하나였다. 1980년대 말까지만 해도 그 회사에 들어가면 누구나 당연히 평생직장을 잡은 줄로 알았다. 그 회사는 보수도 좋았지만 직원들에게 요구하는 것도 많았다.

"우리는 회사에 인생을 바쳤습니다." 어니가 말했다.

"회사는 우리를 책임져 주었고 그 반대급부로 우리의 삶이 회사 업무를 중심으로 돌아가기를 기대했지요. 회사에서 시키는 일을 단 한 번이라도 거부했다가는 승진 대열에서 밀려나, 은퇴하는 날까지 주변부를 맴돌아야 했습니다. 그래서 우리는 일찍 출근하여 늦게까지 일했습니다."

어니의 동료들 중 연배가 낮은 40대 중반의 남자가 하나 있었는데 그는 몇 년째 어니와 나란히 일했다. 어느 날 그가 출근하지 않았다. 어니는 그가 아픈가 보다 했는데 아침 8시 반에 그의 부인한테서 전화가 왔다. 그가 죽었다는 충격적인 소식이었다. 아침식사를 하던 중에 심장이 멎었다고 했다.

"회사는 그날 오후로 그의 후임자를 뽑았습니다." 어니는 말했다.

"새 직원이 이튿날 아침 일찍 회사에 나왔더군요. 전임자가 죽은 지 불과 24시간도 안 되어서 말입니다. 우리는 새 직원에게 약 15분간에 걸쳐 신속히 오리엔테이션을 시켜 주었습니다. 그 사람이 우리 업무를 잘 알고 있어서 오래 걸리지 않았습니다. 모든 것이 거짓말처럼 원활하게 돌아갔습니다."

어니는 잠시 말을 멈추고 자동차 창밖을 내다보다가 다시 말을 이었다.

"다른 직원들은 아무도 그의 장례식에 가지 않았습니다. 그들은 그 직원만 알았지 그의 가족들은 몰랐고 그래서 별로 중요하지 않다고 생각했던 것입니다. 장례가 끝나자 적어도 그 회사에서 그는 마치 없었던 사람 같았습니다. 일찍 출근하여 늦게까지 일하면서 회사에 인생을 전부 바친 그였건만 회사는 그의 죽음으로 잃은 것이 하나도, 단 하나도 없었습니다. 비참한 말이지만 어떤 면에서 그가 2주간 휴가를 간 것보다 차라리 그가 죽은 것이 회사에게는 덜 불편했습니다."

어니는 강연을 마친 나를 호텔로 데려가 차에서 내려 주었지만 그의 말이 나를 떠나지 않았다.

이튿날 내가 우리 집 현관에 들어서니 "아빠!" 하는 귀에 익은 외침 소리가 들려왔고 이내 나의 다리와 허리에 매달리는 세 쌍의 팔이 느껴졌다. 우리는 산책을 나갔다. 당시 겨우 네 살이던 그레이엄이 아내의 손과 내 손을 동시에 잡고서 자랑스럽게 선포했다.

"드디어 온 가족이 다 모였네요!"

그리고는 아내의 손과 내 손에 차례로 입을 맞추었다. 당시 두 살이던 켈시는 희색이 만면한 얼굴로 나를 보면서 소리쳤다.

"아빠가 집에 왔다!"

"그는 마치 없었던 사람 같았습니다"라던 어니의 말이 나의 뇌리를 떠나지 않았다. 내가 프리랜서로 일하기로 결정한 데에는 그 말이 중요한 요인으로 작용했다고 생각한다.

어니와 그 대화를 나눈 지 10년도 더 지났지만 그의 통찰은 평생 나를 떠나지 않을 것이다. 요란하게 우리의 관심을 요구하는 사람들은 많지만 우리를 마음속에 두는 사람들은 별로 없다. 어떤 사람들에게는 우리의 부재가 단순한 불편함 정도밖에 되지 않는다. 그러나 어떤 사람들에게는 우리의 부재가 영적, 정서적, 관계적으로 참담한 블랙홀처럼 느껴진다.

우리의 가장 뛰어난 생각들, 가장 열성적인 에너지, 우리 인생의 가장 생산적인 시간들은 그중 '어떤 사람들에게로 갈 것인가?', 내가 보기에 문제는 결국 이것으로 귀결된다. 나는 내 거절의 말로 정말 누구를 실망시킬 것인가? 나를 보는 순간 희색이 만면해지는 자녀들을 실망시킬 것인가? 내가 큰돈을 벌 때나 은퇴한 후에나 실직 중에나 늘 내 곁에 있어 줄 아내를 실망시킬 것인가? 아니면 나를 당장 회사의 필요를 채워 주는 편리하고 유용한, 그러나 언제라도 교체 가능한 톱니바퀴로 보는 기업체를 실망시킬 것인가?

나는 기업체를 반대하는 사람이 아니다. 절대 아니다. 하나님은 크고 작은 기업체들을 사용하여 많은 가정들을 먹여 살리신다. 그러나 사실 우리는 가족들에게는 생각보다 더 중요한 존재이며 회사에게는 아마도 생각만큼 그렇게 중요한 존재가 아니다.

참 되고 진실한 애정을 품은 사람들, 진실로 가장 가까운 사람들에게 보상을 주자.

자녀들이 자랑스러워하는 부모가 되라
13

손자는 노인의 면류관이요 아비는
자식의 영화니라

잠언 17장 6절

어렸을 때 나는 우러러볼 수 있는 아버지 밑에서 자라는 것이 너무 기뻤다. 아버지는 공익 설비업체의 경영 간부로 일했는데 해마다 여름철이면 친구들에게 일자리를 마련해 주곤 했다. 나의 여자친구가 그곳에 취직했을 때 사람들마다 그녀에게 '그 큰 분'을 만날 기회가 있었느냐고 계속 물었다. 아버지의 체구가 커서가 아니라 아버지가 사

무실 전체를 관리하고 있었기 때문에 그렇게들 표현한 것이다.

"아뇨." 그녀가 대답했다.

"아직 못 뵌 것 같은데요."

"뵙게 될 거다." 사람들은 그녀에게 말했다.

"하지만 걱정 마라. 정말 좋으신 분이니까."

전체 소개 시간이 되었을 때 여자친구는 '그 큰 분'이 자기가 이미 만나본 사람인 것을 알고는 웃었다. 그리고 아버지는 그녀를 포옹해 주었다. 그녀가 나에게 그 이야기를 했을 때 나는 다른 사람들도 나처럼 아버지를 우러러본다는 사실에 가슴이 얼마나 부풀어 올랐는지 모른다. 나는 아버지가 우리 가족들을 부끄럽게 할 분이 아님을 알았다. 아버지는 직업도 남부끄럽지 않았고 성품도 청렴했다. 내가 그의 아들인 것이 자랑스러웠다.

자식들이 자랑스러워할 수 있는 부모가 되는 것은 부모로서의 훈련에 빼놓을 수 없는 부분이다. 나의 평판이 자녀들의 평판에도 영향을 미친다. 나는 우리 아이들이 자기들과 내가 부자지간 혹은 부녀지간임을 '인정하는' 것을 창피해하지 않기를 원한다. 그래서 나는 몇몇 주변 사람들에게 평소에 나를 감시해 줄 것을 부탁해 왔다. 나는 우리 아이들이 부끄럽게 여길 만한 일을 하고 싶지 않다. 그러나 인간의 마음이 간사하다는 것을 너무나 잘 아는지라 혹시라도 내가 경계선에 너무 바짝 다가갈 때면 누군가 나를 지적해 주기를 원한다.

누가복음에 보면 세례 요한의 어머니 엘리사벳이 하나님의 주목을 끌었던 것은 그녀가 '하나님 앞에 의인'인 데도 일부 원인이 있었다. 그녀는 "주의 모든 계명과 규례대로 흠이 없이 행하"였다(눅 1:6). 엘리사벳처럼 우리도 하나님의 형상을 품은 사람을 기르기 위하여 우리 자신을 거룩하게 지켜야 한다. 앤드류 머레이는 이렇게 말했다.

"모든 임산부는 자신의 몸을 성령의 전으로 드려야 한다. 그 몸 안의 생명체가 처음부터 성령의 덮음을 입을 수 있도록 말이다."[27]

우리 자신을 거룩하게 지키는 일은 지속적인 과정이다. 사실 어머니나 아버지로서 이렇게 묻는 것은 아주 건강한 훈련이다.

"내가 이것을 하고 있다는 것을 내 아들이나 딸이 알면 어떻게 생각할까?"

거룩함을 추구할 이유는 많지만 분명 자녀 양육이야말로 더 중요한 이유 중의 하나다. 부모 된 우리는 자식들이 '말썽을 일으키지 않아야 한다는 생각에 너무나 열중한 나머지 자신도 똑같이 말썽을 일으킬 수 있다는 사실을 잊어버린다. 노소를 떠나서 우리 모두는 자신의 몸을 성령의 전으로 드리도록 부름받았다.

아이들은 자기가 자랑스러워할 수 있는 부모를 원한다. 가장 극단적인 상황 속에서도 말이다. 플로레스쿠라는 아버지는 기독교 신앙 때문에 공산주의 감옥에 갇혀 있는 동안 뻘겋게 달군 쇠꼬챙이와 칼로 고문을 받았다. 고문으로도 플로레스쿠의 정신이 무너지지 않자 공산주의자들은 긴 파이프를 통하여 그의 감방에 굶주린 쥐들을 집어 넣었고 그 바람에 플로레스쿠는 한숨도 잠을 잘 수 없었다. 고개를 꾸벅이는 순간 쥐들이 말 그대로 그의 살을 먹으려 달려들었기에 그는 잠도 못 자고 자기를 지켜야 했다. 그렇게 열나흘이 지났지만 그래도 플로레스쿠는 같은 교제권 안의 다른 그리스도인들의 이름을 털어놓지 않았다.

그러자 공산주의자들은 플로레스쿠의 열네 살 된 아들을 데려와 아버지가 보는 데서 채찍으로 때렸다. 어린 아들이 비명을 지르는 가운데 공산주의자들은 정보를 대지 않으면 아들을 계속 때리겠다며 비아냥거렸다.

마침내 플로레스쿠는 더 참지 못하고 아들에게 소리쳤다.

"알렉산더! 저들이 원하는 대로 말해 주어야 되겠구나. 네가 맞는 꼴을 더 이상 못 보겠다!"

놀랍게도 어린 알렉산더는 더 절절하게 애원하며 대답했다.

"아버지, 그런 부당한 일로 제게 배신자 아버지를 두게 하지 마세요. 버티세요! 저들이 저를 죽이면 저는 '예수님과 나의 조국'을 부르며 죽겠어요."[28]

플로레스쿠는 아들의 말을 영영 잊지 못했다.

"아버지, 그런 부당한 일로 제게 배신자 아버지를 두게 하지 마세요."

플로레스쿠의 아들에게는, 자랑스러워할 수 있는 아버지를 두는 것이 자기 목숨보다도 더 중요했던 것이다. "오직 나와 내 집은 여호와를 섬기겠노라"(수 24:15)고 한 여호수아의 말이 어쩌면 그래서 나로 시작되는지도 모른다. 내 집이 하나님을 섬기려면 먼저 내가 하나님을 섬기기로 헌신해야 한다.

"오직 나와 내 집은 … ."

나는 배신자 아들을 원하지 않는다. 하지만 나의 아들은 그보다도 더 배신자 아버지를 원하지 않는다.

이번 주에는 인생의 재고조사를 한 번 해보자. 바울이 고린도 교인들에게 "내가 그리스도를 본받는 자가 된 것 같이 너희는 나를 본받는 자가 되라"(고전 11:1)고 말한 것처럼 당신도 자녀들에게 그렇게 말할 수 있는 삶을 살고 있는가? 당신의 삶에는 그대로 몇 걸음만 더 가면 심각한 문제를 초래할 수 있는 그래서 반드시 해결해야 하는 불순종의 영역들이 있는가? 우리는 책망받을 것이 없는 삶을 살아야 한다. 다른 이유가 없다면 자식들에게 수갑에 채여 연행되어 가는 부모의 모습을 보여 주지 않기 위해서라도 그리해야 한다. 설령 결과가 그렇게까지 확연히 눈에 띄지 않는다고 해도 지금 우리가 하고 있는 또 다른 도덕적인 타협들은 없는가?

그렇다고 부정적인 쪽으로만 생각하지는 말자. 우리가 하고 있는 긍정적인 일들, 자녀들이 자랑스러워할 만한 일들은 무엇인가? 용기와 확신과 희생으로 행동하고 있는 우리의 모습을 자녀들이 보고 있는가?

 자녀들에게 우리의 자식인 것이 자랑으로 느껴지게 해 주자. 그것도 자녀를 사랑하는 길이다.

자녀를 통해 겸손의 높은 경지를 경험하라
14

너희 안에 이 마음을 품으라 곧 그리스도 예수의 마음이니 그는 근본 하나님의 본체시나 하나님과 동등됨을 취할 것으로 여기지 아니하시고 오히려 자기를 비워 종의 형체를 가지사 사람들과 같이 되셨고 사람의 모양으로 나타나사 자기를 낮추시고 죽기까지 복종하셨으니 곧 십자가에 죽으심이라

빌립보서 2장 5~8절

예수님은 하늘의 영광을 버리시고 겸손히 낮아지셨다. 감출 수 없는 신성의 위엄을 벗으시고 인간이 되셔서 육체로 숨쉬고 피 흘리셨다. 신학자들에게 케노시스로 알려진 이 과정은 겸손을 배워야 할 우리의 소명에 완전한 모본이 된다.

인생의 경험들 중에서 자녀 양육만큼 확실히 우리를 낮추어 주는

것은 별로 없다. 하나님의 오묘한 계획이다. 부모가 되는 순간 이전의 깔끔하던 집과 잘 다려진 옷들과 질서정연한 삶은 사라지고 대신 오줌을 지리고 침을 흘리는 시끄러운 아기의 아수라장이 그 자리를 차지한다. 그 아기의 성질은 아직 길들여지기 전이고 그 아기의 앙칼진 울음소리는 여태껏 칠판을 할퀸 가장 날카로운 손톱 소리에 버금간다. 하나님이 거대한 뜻을 품으시고 섭리 가운데 이 작은 폭군을 우리들의 집에 두셨다. 바로 그 아기의 부모를 우리 주님의 형상대로 빚으시기 위함이다.

작가 레이첼 커스크의 책에 자신이 살면서 가장 당황했던 순간 중 하나가 소개되어 있다. 친구를 만나 야외 테이블에서 점심을 먹고 있는데 갑자기 날씨가 변했고 그 만남은 엉망진창이 되었다.

비가 내리기 시작한다. 폭우다. 나는 포대기로 아기를 다시 싸려고 한다. 그런데 동작이 서투르고 덤벙댄다. 그때 갑자기 딸아이가 울음을 터뜨린다. 이상한 원시적인 고뇌로 비명을 질러댄다. 내 옷차림이 망가진다. 커피 잔이 엎질러지고 동전이 떨어진다. 나는 말해 보려고, 얼러 보려고, 설명해 보려고 한다. 억수같은 빗속에서 아기를 이리저리 돌려 안는다. 그러다 마침내 공원길을 뛴다. 요란한 아기를 무슨 불덩이라도 되는 냥 앞으로 받쳐 들고 뛴다. 빈 포대기가 내 앞에서 펄럭거린다. 당황한 친구가 뒤에서 바삐 따라온다. 마침내 도로가 나오고 나는 미친 듯이 필사적으로 택시를 세운다. 그리고는 엉망이 된 아기와 내 몸을 용케 택시 안으로 들이민다. "이따가전화할게." 친구가 멋쩍게 말한다. 창밖으로 친구를 흘긋 본다. 늘씬하고 단출하게 잘 차려 입었다. 왠지 유난히 도도해 보여서 도저히 넘볼 수 없는 친구가 길 저편에서 고상하게 손을 흔들고 있다.[29]

다른 부분들에서는 아주 성취도가 높은 우리일 수 있지만 아이들을 키우노라면 패션 감각도 제정신도 통제력도 다 잃어버린 것 같은 상황에 처하게 된다. 그래서 자녀 양육은 우리를 겸손하게 한다.

체육 교사 조지는 드센 아이들을 다루는 것이 직업이다. 그런 그도 이렇게 고백한다.

"일터에서는 내가 호루라기 한 번만 불면 키 크고 건장한 사춘기 아이들 60명이 일제히 뛰지만 집에만 오면 나는 몸무게 5킬로그램의 아기의 울음을 그치게 할 수 없다."[30]

워싱턴 주 벨링햄의 한 해군 특수부대원은 이렇게 말했다.

"특수부대원이 되는 것은 쉽다. 그러나 세 어린 딸에게 한꺼번에 양치질을 시키려 해 보라."

어둠 속에서 세 명의 훈련된 테러리스트를 만난다면 그는 아주 자신만만할 것이다. 그러나 세 어린 딸은 그의 감당 능력을 벗어난다!

일부 기혼자들은 정확히 그런 이유로 아이를 낳지 않는다. 자유 의지를 갖고 태어난 조그만 생명체를 기르는 데에 필연적으로 따라오는 혼란과 아수라장과 통제력 상실이 두려워서 말이다. 그러나 이 겸손케 되는 과정을 자녀 양육의 가장 값진 목적 중의 하나로 보는 사람들도 있다. 우리 그리스도인들은 그리스도를 닮도록 하나님께 부름받았으므로 그분을 닮아가는 과정을 촉진해 주는 관계라면 무엇이든 환영이다. 정통 신학자 폴 에브도키모프는 이렇게 말한다.

> 어머니의 길이란 특별한 형태의 여성적인 케노시스(비움)이다. 어머니는 아이에게 자기를 주고, 그러기 위하여 부분적으로 죽고, 하나님의 사랑을 따라 자기를 낮추고, 어떤 의미에서 "그는 흥하여야 하겠고 나는 쇠하여야 하리라" 한 세례 요한의 말을 되풀이한다. 자녀를 위해 희생하는 모든 어머니는 십자가에서 죽으신 그리스도를 보듬는 것이다.[31]

얼마나 놀라운 말인가!
"자녀를 위해 희생하는 모든 어머니는 십자가에서 죽으신 그리스도를 보듬는 것이다!"
아기는 당신의 화장을 일그러뜨리고, 스케줄을 망쳐 놓고, 식사시간을 앗아가기가 한두 번이 아니고, 당신의 옷장에 성전(聖戰)을 선포하고, 사람들과 만나기로 한 약속을 최소한 50% 이상 취소하게 만들고, 한 번 시작했다 하면 당신의 머리칼을 몇 줌씩 뽑아 놓을 수 있다. 그러나 그 아기 덕분에 당신은 또한 교만하고 독선적이고 자기중심적인 태도에서 벗어날 수 있다. 자녀를 키워 본 적이 없는 사람들 중에 그런 독선적이고 자기 중심적인 태도로 유명한 사람들이 얼마나 많은지 모른다. 그 아이를 통한 훈련 덕분에 당신은 겸손의 아름다움을 선물받으며, 십자가에서 죽으신 그리스도를 보듬게 된다.

자기밖에 모르고 자기를 대단하게 아는 많은 작가들과 강사들이 젊은 엄마들의 비참한 삶에 관한 비판의 글들을 수없이 내놓았다. 그들은 희생, 자아부인, 당혹스러운 상황, 사실상 '감옥'같은 가사노동에 대해서 이야기하면서 엄마 노릇은 물론 자녀 양육 전반까지 위험하거나 잔혹한 직업이라고 결론짓는다. 그러나 영적인 시각으로, 참으로 그리스도를 경험하기 원하며 그분을 더 닮기를 사모하는 사람들의 눈으로 보면, 자녀 양육은 주 안에서 성장과 성숙으로 나아가는 멋지고 영적인 길이다. 영적으로 올라가는 길은 육적으로 밑을 내려다보는 것이다. 자식을 키우는 일은 세상의 눈으로 보면 '하강'의 끝이지만 천국의 관점에서 보면 가장 영광스러운 상승으로 우리를 준비시켜 준다.

아이들은 그 목표를 이루어 주는 신기한 패키지다. 만약 자기 아이를 키우는 일이 아니라면, 자기가 낮아져야 하는 줄 뻔히 알면서도 그런 일을 택하지는 않을 것이기 때문이다. 그러나 아기의 아름다움, 아이들과의 정서적인 유대감, 하나의 인생을 공동으로 창조해 나가는 기적, 그런 것들에 충분히 마음이 끌려서 우리들 대부분은 기꺼이 그 일을 한 번 해 보기로 한다. 그 걸음 때문에 자기가 낮아지는 사건들을 많이 당하게 될 줄을 알더라도 말이다.

맞다. 당신은 당황스러울 때가 많았을 것이다. '외모'도 예전 같지 않다. 사람들 앞에 나갈 때도 더 이상 그렇게 자신이 없다.

하나님께 감사하라.

그분이 당신의 영혼 안에서 기이한 일을 하고 계신다. 자녀들을 위하여 희생하느라 우리가 잠시 꺾인 것처럼 느껴질 수 있지만 그러나 우리는 일어난다. 그리고 영원히 들림 받는다.

영적으로 강건한 부모가 되라
15

나로 말미암아 너희를 욕하고 박해하고
거짓으로 너희를 거슬러 모든 악한 말을
할 때에는 너희에게 복이 있나니

마태복음 5장 11절

멜리사는 화요일과 금요일마다 오후 3시에 집을 나서야 한다. 크리스티를 데리고 시카고 반대편으로 물리치료를 받으러 가야 하기 때문이다. 멜리사는 크리스티를 최대한 학교에 오래 두기를 원한다. 그러다 보니 그들이 길을 나서는 늦은 오후는 퇴근길 교통체증이 극에 달하는 시간이다. 둘은 저녁 7시나 되어서야 집에 돌아온다.

크리스티는 물리치료 시간을 싫어하지만 물리치료의 놀라운 효험 덕분에 정상적인 보행 능력이 자라가고 있다. 어느 화요일 오후 멜리사가 차 안에서 크리스티를 맞이하자 크리스티가 씩씩거리며 말했다.

"엄마가 나한테 이러는 것, 절대로 용서하지 않을 거예요."

멜리사는 크리스티에게 무엇을 용서하지 않을 거냐고 따지고 싶었다. 크리스티가 더 잘 걷도록 도와주기 위하여 매주 두 번씩 극심한 교통체증을 뚫고서 왕복 4시간씩 다니는 일을? 크리스티의 대응 능력을 길러 주기 위한 특수 서비스, 특수 교육, 특수 치료에 들어가는 돈이 매달 줄잡아 1,200달러나 되어 그 돈을 모으려고 남편 그레그와 함께 해마다 휴가까지 포기한 일을? 크리스티가 난관을 극복하도록 도와줄 최상의 서비스와 지원 자료들을 찾아 인터넷을 뒤지던 그 수많은 밤을? 멜리사는 크리스티가 장애를 딛고 일어서게 해 주려고 지금까지 정말 온몸의 진이 다 빠지도록 애썼다. 그런데 그런 엄마를 영영 용서하지 않을 거라고?

자녀를 위하여 희생하는 것과 자녀가 당신의 희생을 보고는 마치 그것이 아동학대인 냥 행동하는 것은 전혀 다른 문제다. 그러나 그날 멜리사는 이미 지쳐 있었다. 그날따라 다른 자녀들도 컨디션이 좋지 않아 그들 몫의 집안일까지 멜리사가 나누어 했다. 그녀는 자기 입에서 말이 나올까 봐 두려웠다. 그럴 때의 한마디 말이 알코올 중독자의 술 한 잔과 같을 수 있음을 알고 있었다. 한 번 말이 터지면 그칠 수 없을지도 몰랐다. 그렇게 계속 입을 놀리면 무슨 말이 나올지 누가 알겠는가?

부모가 된다는 것은 곧 오해받는다는 뜻이다. 엄마나 아빠가 된다는 것은 곧 당신의 결정들에 대하여 자녀들, 대가족들, 친구들, 심지어 모르는 사람들한테서 비판과 의심과 판단을 받는다는 뜻이다. 선한 동기를 의심받는 것이야말로 우리가 당할 수 있는 가장 속상한 경험들 중 하나다.

그러나 이 아픔 이면의 은밀한 축복을 알고 싶은가? 모든 훌륭한 그리스도인 일꾼들은 결국 오해를 받도록 되어 있다. 적어도 이따금씩은 그렇다. 하나님이 부모인 우리들에게 이런 과정을 당하도록 허락하심은 그분의 나라를 위하여 일하는 것과 관련하여 인생의 한 단면을 감당할 수 있도록 우리를 준비시키심이다. 즉 섬긴다는 것은 공격과 의심과 비방을 당하는 것이라는 사실이다.

사실 예수님은 이 땅에 사시는 동안 거의 만인에게 오해를 받으셨다. 한때는 예수님의 가족들조차도 그분을 미쳤다고 생각했다(막 3:20~21). 종교 지도자들은 예수님의 사역을 오해하여 그분이 마귀와 한편이라고 비난했다(막 3:22). 민간 당국자들은 예수님의 행동을 전혀 터무니없게 여겼다(마 27:14). 심지어 예수님의 제자들도 그분을 잘 이해하지 못했다(막 8:31~33).

우리를 위해 인간으로 오신 예수님이 마귀라는 욕을 들으셨다. 진실을 말씀하신 그분이 거짓말쟁이로 불리셨다. 아버지께 순종하는 마음으로 자진하여 십자가를 지신 그분이 신성 모독자라는 죄명을 얻으셨다. 우리의 유일한 희망이 되신 그분이 범죄자로 죽으셨다. 끊임없이 오해받은 사람이 있다면 바로 예수님이었다. 예수님만큼 그 의도와 능력과 동기를 왜곡당하고 도전받은 사람은 없었다.

다른 사람들이 당신을 얕보고 판단하고 대들고 중상하도록 허용하실 때 하나님은 당신을 희귀한 그러나 친밀한 땅으로 들이시는 것이다. 바로 그리스도의 고난이다. 이 땅은 도처에 오해의 골짜기만 뻗어 있고 휴게소는 별로 없어 보이는 곳이다. 말할 것도 없이 당신은 이 땅을 벗어나고 싶은 적이 한두 번이 아니겠지만 하나님의 지극한 자비가 당신을 그곳에 묶어 둔다. 당신은 다른 사람들은 절대로 모를 그분의 일면을 경험하게 된다. 게다가 하나님은 더 많은 오해를 수반하게 될 후일의 어떤 사역을 위하여 지금 당신을 준비시키시는 중일 수도 있다.

나는 그리스도의 능력을 원한다. 그리스도의 사랑과 그리스도의 지혜를 원한다. 누군들 원하지 않으랴. 하지만 바울은 우리를 그보다 더 친밀한 관계로 초대한다. 바로 그리스도의 고난이다. "내가 그리스도와 그 부활의 권능과 그 고난에 참여함을 알고자 하여"(빌 3:10). 오해를 밥 먹듯이 하는 자녀야말로 당신을 그 성지(聖地)로 데려다 주는 가장 확실한 통행증일 수 있다.

이번 주에는 다른 사람들이(당신의 자녀를 포함하여) 당신의 동기를 의심함에도 불구하고 자녀에게 꼭 필요한 일을 해 준다는 것이 얼마나 어려운지 묵상해 보자. 세상의 낙이나 칭찬이 아니라 하나님의 뜻에 맞추어 살아갈 힘을 달라고 기도하라. 영적으로 더 강건한 부모가 되기를 사모하라. 이해와 인정과 감사를 받고자 하는 욕구에서 해방될 때 예수 그리스도와 손을 잡고 메시지를 전할 수 있다. 세상이 전혀 터무니없다고 생각해 온 그 메시지를 말이다.

자녀에게 하나님의 마음을 품으라
16

여인이 어찌 그 젖 먹는 자식을 잊겠으며 자기 태에서 난 아들을 긍휼히 여기지 않겠느냐 그들은 혹시 잊을지라도 나는 너를 잊지 아니할 것이라 내가 너를 내 손바닥에 새겼고

이사야 49장 15~16절

켈시와 나는 켈시가 가장 좋아하는 식당인 인터내셔널 팬케이크 하우스(IHOP)에서 아침식사를 즐기고 있었다. 열한 번째 생일을 맞은 켈시는 자기가 늘 즐겨 먹는 '웃는 얼굴 팬케이크'를 열두 살 이하의 고객들만 주문할 수 있다는 사실에 약간 당황했다. 아침 식사 대용으로 나오는 그 초콜릿칩 별미를 즐길 수 있는 날이 앞으로 52주밖에 남

지 않았던 것이다.

우리가 갈 때마다 거의 항상 할아버지 세 분이 우리의 뒤쪽에 앉아 있었다. 80대가 아니라면 90대가 분명해 보였는데, 내가 여태까지 보았던 남자들 중에서 가장 쾌활했다. 웨이트리스들마다 그들의 포옹을 받았고 고객들마다 그들의 따뜻한 인사를 받았다. 그들 서로 간에도 돈독한 애정이 역력히 보였다. 발을 질질 끄는 한 친구를 다른 친구가 부축하여 자리에 앉혔다.

청력이 약해진 사람들이 흔히 그렇듯이 그들은 말소리가 컸다. 사실은 '크다'는 말로 모자랐다. 그 중 한 사람의 목소리는 대략 기차 화통 소리에 버금갈 만큼 컸다.

"노인 메뉴 중에서 하나 주시오."

그는 족히 5미터나 떨어져 있는 웨이트리스에게 쩌렁쩌렁한 소리로 말했는데 아마 고속도로 건너편에서도 그 소리가 들렸을 것이다.

"하나만요?"

"아니, 잠깐. 조가 오고 있으니 둘로 하는 게 좋겠소. 빌은 다른 메뉴를 좋아하니까."

켈시는 나한테 바짝 기댄 채로 씩 웃으며 나직이 말했다.

"아빠?"

"응, 그래?"

"아빠가 저렇게 늙으면 제가 대신 주문해 드릴게요."

80대가 된 나를 데리고 IHOP에 가겠다는 켈시의 말을 듣고 내가 얼마나 감격했는지 모른다. 지금은 내가 켈시를 위하여 그곳에 간다. 나는 그곳 음식을 좋아하는 편이 아니지만 켈시는 아주 좋아한다. 그러나 역할이 바뀌어 켈시가 나를 데리러 와서 함께 외출할 그날이 충분히 상상이 간다.

딸과의 장기적인 관계를 기대하니 베티 진이라는 여자에 대한 기사가 한결 더 슬프게 느껴졌다. 그녀는 자식이나 손자손녀를 거의 보지 않고 살아간다. 대신 자신의 애완동물들을 돌보는 데 시간을 다 바친다. 그녀의 딸이 아이들에게 할머니를 보여 주고 싶어 한 번 오시라고 간절히 청해도 베티 진은 딸에게 매번 같은 말로 거절한다. 너무 바빠서 시간이 없다는 것이다. "아이들 키우는 건 이미 다 해 본 일이다. 이제 다른 사람 차례다. 나는 우리집 애완동물들한테 시간과 관심을 쏟아야 해. 오래 그냥 두면 안 되거든." 그녀가 어깨를 으쓱이며 하는 말이다.[32]

"나는 이미 다 해 본 일이다. 이제 다른 사람 차례다"라는 말이 나에게는 유독 슬프게 다가온다. 앨리슨과 그레이엄과 켈시는 잠시 '내 차례'나 다하라고 있는 존재가 아니다. 그들은 평생의 헌신과 평생의 애정의 대상이다. 그래서 나는 '자식을 키운다'는 표현이 약간 불편하게 느껴진다. 가정생활이 마치 무슨 작물을 키우거나 애완동물을 키우는 것처럼 농장의 활동으로 축소될 수 있기 때문이다. 자식은 그것과 심오하게 다르다. 나는 그들과 관계를 맺고 그들을 보살피고 그들에게 개입한다. 아이들이 어른이 될 때까지 내가 우리 관계의 구심점이 되는 것을 나는 원하지 않는다.

지금부터 30년 후의 삶을 상상해 보면 큰 그림을 보는 데 도움이 된다. 우리는 자녀들이 숙제를 끝내고 예의 바르게 행동하고 텔레비전을 너무 많이 보지 않고 운동을 충분히 하고 잘 먹도록 챙겨 주느라 너무 바쁜 나머지 그들을 즐거워하고 그들과 관계를 맺는 면을 잊어버릴 수 있다. "아빠가 저렇게 늙으면 제가 대신 주문해 드릴게요"라던 켈시의 말은 나에게 자녀 양육의 가장 소중한 측면을 상기시켜 주었다. 바로 나 아닌 다른 사람과 평생의 관계를 쌓아 가는 일이다.

하나님의 부성애와 모성애를 우리도 닮으려 할진대 반드시 이렇게 관계에 강조점을 두어야 한다. 하나님은 이스라엘 백성에게 "여인이 어찌 그 젖 먹는 자식을 잊겠으며 자기 태에서 난 아들을 긍휼히 여기지 않겠느냐 그들은 혹시 잊을지라도 나는 너를 잊지 아니할 것이라 내가 너를 내 손바닥에 새겼고"(사 49:15~16)라고 말씀하신다. 하늘 아버지는 우리를 그 손바닥에 새기셨기에 절대로 잊어버리시지 않는다. 그분은 우리가 그저 예절을 지키고 몇 가지 핵심 규칙에 순종하기만을 원하시는 것이 아니다. 그분은 우리와 가까워지기를 간절히 원하신다.

마찬가지로 자녀들을 향한 우리의 애정도 우리의 기공(氣孔) 속에까지 깊숙이 파고들어 골수에 박히고 DNA에 찍혀야 한다. 하나님이 우리를 사랑하시는 것처럼 우리도 자녀를 사랑하려면 우리의 애정이 진한 만큼이나 늘 변치 않는다는 것을 아이들이 알아야 한다. 우리의 머리카락이 빠지고 정신이 쇠해지는 것은 혹 아이들에게 보이더라도 우리의 애정이나 헌신이 시들해지는 모습은 절대 보여서는 안 된다!

이번 주에는 당신이 자녀들과 함께 쌓아 가고 있는 관계를 묵상하면서 지내 보라. 당신을 향하여 품고 계신 하나님의 그 마음을 당신도 자녀들을 향하여 품게 해 달라고 기도하라.

자녀 양육은 '내 차례를 다하는' 일이 아니다.

자녀 양육은 영구적인 애정과 평생의 참된 헌신을 가꾸는 일이다.

까다로운 아이에게 감사하라
17

내 형제들아 너희가 여러 가지 시험을 당하거든 온전히 기쁘게 여기라 이는 너희 믿음의 시련이 인내를 만들어 내는 줄 너희가 앎이라 인내를 온전히 이루라 이는 너희로 온전하고 구비하여 조금도 부족함이 없게 하려 함이라

야고보서 1장 2~4절

캐시 카펜터 박사는 하나님을 사랑하는 뛰어난 외과의사다. 그녀의 둘째아이 매트는 태어나던 날부터 까다로운 아이였다. 캐시도 남편 고든도 매트만 보면 아이를 더 낳을 생각이 싹 가셨으므로 매트는 '산아제한 아기'로 알려질 정도였다. 캐시와 고든은 얌전하고 말 잘 듣는 첫째아이에 대하여 자부심이 대단했지만 매트에 대해서라면 캐시는

"어떻게든 살아남아야 한다는 쪽으로 엄마의 소임을 바꾸어야만 했다"고 털어놓는다.

'완벽한' 아기였던 큰아이 베다니를 봐 주겠다고 나선 사람들은 많았지만 매트를 돌보겠다고 자청하는 사람은 아무도 없었다. 베다니 때보다 매트를 키울 때 고든과 캐시에게 열 배나 더 휴식이 필요했음에도 말이다. 얼마나 심했던지 그런 매트의 소문은 퍼져나갔고 그리하여 고든과 캐시는 하룻저녁 매트를 봐줄 사람을 구하려면 보수를 두둑히 주어야만 했다. 매트는 세 살 때 첫 유아원에서 쫓겨났다.

그 까다로운 아이를 부모들의 양육 태도가 나빴기 때문이라고 단정 짓는 사람들이 많았다. 저마다 쉬운 해답을 알고 있다는 듯이 사람들은 캐시와 고든에게 서둘러 충고를 내놓았다. 이들 부부가 대학원 교육도 받았고 유순한 첫째아이를 비교적 잘 키웠는데도 불구하고 주변 사람들은 은연중에 캐시와 고든을 마치 아무것도 모르는 사람처럼 대했던 것이다. 캐시는 이런 지혜로운 말을 들려 준다.

> 까다로운 자녀를 둔 부모들은 지원과 사랑과 이해를 필요로 하는 특별한 사람들이다. 그러나 그들은 무인도에 발이 묶인 채로, 성벽이 하늘까지 닿은 듯한 고립된 성채에 갇혀 있다. 선의의 친척들과 참견하는 친구들과 생판 모르는 사람들이 그들을 에워싸고는 이런 식의 말들을 쏟아낸다. "사내아이는 원래 다 그런 거

야." "아이를 확 잡아야지." "아이가 단 것을 너무 많이 먹은 모양이야."[33]

매트의 팔팔한 기운은 금세 안전의 문제로 불거졌다. 매트는 두 살 때 벌써 카시트에서 빠져 나오는 법을 익혔다. 캐시와 고든은 두 살배기 아이를 혹시나 속일 수 있을까 싶어서 벨트의 종류가 각기 다른 세 종류의 카시트를 구입했으나 매트는 각 카시트마다 30초도 안 되어 빠져나오는 방법을 터득했다. 마침내 캐시는 제임스 본드 영화의 고문용 의자처럼 매트에게 꼭 맞을 것 같은 의자를 빌렸는데 그때 벌어진 일이 단연 압권이다. 그 의자는 부산한 아이들을 좌석에 묶어 두도록 특수 고안된 것이었다. 마침 시외에 다녀올 일이 있어서 벨트로 매트의 몸을 고정시킨 다음 어린이 음악 테이프를 틀고는 막 차를 출발시키려고 했다.

60초 후에 고든이 백미러를 보니 매트가 카시트 안에 똑바로 서서 음악에 맞추어 손을 흔들며 춤을 추고 있었다.

매트의 기운과 창의력은 끝이 없었다. 유치원에서 각 학생에게 크레용을 다 주는데도 무슨 이유에서인지 매트는 유치원에 갈 때마다 기어이 크레용을 몰래 숨겨 가지고 갔다. 한 번은 캐시가 매트에게 유치원에 크레용을 가지고 갈 필요가 없다고 다짐을 주면서 신발 끈을 매어 주는데 매트의 양말이 불룩 튀어나와 있는 것이 보였다. 캐시는 수상해서 매트에게 물었다.

"양말 속에 크레용을 감춘 거니?"

매트는 엄마가 어떻게 그런 생각을 할 수 있느냐는 듯이 반항적으로 벌떡 일어서다가 자기 바지와 셔츠에서 쏟아져 나오는 크레용을 분하게 쳐다보았다. 캐시가 내친 김에 전신을 수색한 결과 감추어 둔 크레용은 매트의 속옷 안에서도 나왔다. 결국 캐시가 세어 보니 옷이라는 옷마다 매트가 숨겨 둔 크레용이 무려 116개나 되었다!

매트의 누나 베다니가 어느 날 가족들을 그림으로 그렸는데, 머리칼이 곤두선 매트가 한가운데 서 있고 고든과 캐시와 베다니가 걱정 어린 눈초리로 매트를 마주보고 있었다. 캐시는 '정말 우리 집의 모습을 잘 담아냈다'고 인정했다.

캐시의 사연 중에서 나에게 특히 와닿는 부분이 있다. 탁월한 의사 캐시와 아주 지적인 남편 고든(나는 고든을 만나 보았는데 그는 교회 중직자이고 서점을 운영하고 있으며 박식한 사람이다)은 '늘 눈에 띄지 않는 부모로 남기를 원했건만 매트 덕분에 전화 번호가 모든 교사의 전화기 단축 번호 목록에 오르는 남다른 특권을 누렸다'는 점이다. 어느 중학교 교사는 캐시에게 잔인하게(어느 정도 이해는 되지만) 이렇게 말했다.

"나의 하루 중에 가장 좋은 시간은 댁의 아들이 집으로 돌아가는 2시 반이랍니다."

그러나 그런 가운데도 캐시는 까다로운 아이를 둔 덕분에 누리는 좋은 점들을 많이 보고 있다.

"하나님은 나의 삶 속에서 일하셔서 내 아들로 인해 원망하고 분노하며 창피해 하는 태도를 은혜와 희망과 사랑의 태도로 바꾸어 주셨다. 이런 새로운 태도는 고통과 자기희생과 약간의 창의력에서 나온 것이다. 하나님은 내가 통제하고 싶어도 그럴 수 없었던 어려운 시기들을 나와 함께 통과하심으로써 그 일을 이루셨다. 내가 기도하며 지혜와 용기를 구할 때면 하나님은 나의 삶 속에 돕는 사람들을 붙이셔서 통제력을 되찾게 해주셨다."

삶 속에서 어렵게 터득한 캐시의 지혜를 들어 보자.

"사람들은 우리 자녀들의 행동을 보고 우리를 판단할지 모르나 하나님은 그 사람들에 대한 우리의 반응을 보고 우리를 판단하신다. 이제 나는 굴욕감일랑 버리고 변화를 입어야 한다. … 간혹 나는 쉬운 아이들을 둔 부모들이 정말 딱하게 느껴진다. 이런 소중한 교훈들을 그들은 어떻게 배울 것인가?"

부모인 우리들이 '굴욕감일랑 버리고 변화를 입어야' 한다는 캐시의 통찰력은 나에게 아주 귀한 지혜가 되었다. 그리스도인의 가정생활에서 내가 믿고 있는 가장 사실적인 측면이 그 말 속에 들어 있다. 즉 하나님은 자녀들을 사용하여 우리를 그분의 종들로 빚으시고 만드신다는 것이다. 우리는 유순한 사람을 사랑하는 법뿐 아니라 까다로운 사람, 지나치게 활동적인 사람, 고집이 센 사람, 어떤 때는 잔인한 사람의 잔인한 면까지도 사랑하는 법을 배워야만 한다.

자녀 양육을 이렇게 사랑을 배우는 여정으로 보게 되면, 우리가 사랑해야 할 아이가 어떤 부류인가는 거의 상관이 없어진다. 사랑의 부담은 사랑해야 할 대상에게 있는 것이 아니라 사랑하는 사람 쪽에 있다. 이번 주에 우리가 드려야 할 기도는 캐시의 통찰에서 감화를 얻은 기도다.

"주님, 저를 어떻게 변화시키기를 원하십니까? 다른 사람들을 사랑하는 것과 관련하여 이 아이를 통하여 주님께서 제게 가르쳐 주시려는 것이 무엇입니까? 저의 부족한 부분은 무엇입니까? 제 마음에 약하고 미숙한 부분은 어디입니까? 저의 죄와 교만과 이기심을 지적하여 주소서. 그리고 이 아이를 사용하여 저를 주님 안에서 강하고 거룩하게 하여 주소서."

그렇게 한 주간 내내 기도해 보자.

자녀에게 죄를 미워하는 본을 보이라
18

[욥의] 아들들이 자기 생일에 각각 자기의 집에서 잔치를 베풀고 그의 누이 세 명도 청하여 함께 먹고 마시더라 그들이 차례대로 잔치를 끝내면 욥이 그들을 불러다가 성결하게 하되 아침에 일어나서 그들의 명수대로 번제를 드렸으니 이는 욥이 말하기를 혹시 내 아들들이 죄를 범하여 마음으로 하나님을 욕되게 하였을까 함이라 욥의 행위가 항상 이러하였더라

욥기 1장 4~5절

욥은 죄를 미워하고 하나님을 경외했다. 욥의 삶의 모본은 그의 자녀들에게 얼마나 강력한 메시지로 전달되었을까. 자기들의 구원과 영적인 건강을 위하여 그토록 열과 성을 다하는 아버지의 모습을 그들이 보았을 때 특히 더했을 것이다. 틀림없이 그들은 알았을 것이다.

그리고 이런 말들을 주고받았을 것이다.

"어젯밤 잔치 중에 혹시라도 우리 중 하나가 마음이 너무 풀어져서 하나님께 범죄하였을까 하여 아버지가 집으로 돌아가 하나님께 제사 드리셨다는 얘기 다들 들었지?"

나는 자녀들에게 무엇에 열심을 내는 사람으로 보일까? 운동 실력이나 수학 시험을 A+ 학점 받은 것에 대해서는 극구 칭찬하면서 엄마한테 불손하게 대하거나 동기간에 못되게 구는 행동은 대수롭지 않게 여기는 그런 사람으로 비칠까? 마치 죄의 세력이 그들의 영혼에 영향을 미쳐서 영적인 결의를 약화시키는 일은 없을 것처럼 나는 오히려 집안에 죄를 끌어들이는 모습을 아이들에게 보이고 있지는 않을까? 자녀들은 내가 죄를 미워한다고 생각하고 있을까? 아니면 죄를 묵인하다 못해 가끔씩은 아예 즐기는 내 모습을 보고 있을까?

죄가 인생에 부과할 수 있는 대가를 욥은 잘 알았다. 예수 그리스도께서 죄를 멸하러 오셨다는 신약적인 시각이 없었음에도 욥은 자신과 가족들의 삶에서 죄를 뿌리 뽑으려고 열심히 노력했다. 가끔 나는 죄가 지독하게 혐오스럽고 파괴적일 수 있다는 것을 우리가 까맣게 잊고 산다는 생각이 든다. 우리가 죄에 대한 거룩한 혐오를 자녀들에게 삶의 본으로 보여줄 때, 우리 자녀들을 죄가 몰고 오는 숱한 고통으로부터 건져낼 수 있다.

정욕을 예로 들어 보자. 정욕은 결혼 후의 성생활을 복되게 해 줄 단정함과 순결과 순수함을 버리도록 우리의 자녀들을 유인한다. 정욕은 평생의 질병이나 사생아 임신을 초래할 수 있다. 배우자 결정을 앞두고 지혜로운 선택을 내려야 할 때 정욕은 잘못된 우선순위로 그들의 눈을 멀게 할 수도 있다. 정욕은 분명히 영적인 상처를 남긴다. 서너 살 된 아이에게 뜨거운 냄비를 만지면 손을 덴다고 경고해 주는 것이 우리의 의무인 것처럼 자녀들이 아직 사춘기일 때 경각심을 심어 주는 것이 부모로서 우리의 의무다.

일전에 우리 부부는 어떤 공연장에 갔다가 주변에 방해가 되는 아주 불쾌한 장면을 목격한 일이 있다. 아직 미혼인 십대의 여자아이를 남자친구가 사실상 폭행에 가깝게 손으로 주무르고 있었다. 그 청년은 예절도 없고 사려 분별도 없고 주저하는 기색도 없이 여자의 몸을 자기 소유물 대하듯 했다. 바로 근처에 여자의 아버지가 앉아 있었는데 그는 나중에 대화 중에 그 문제를 언급하기까지 했다. "글쎄, 어쩌겠습니까?" 그는 그렇게 말하며 웃었다.

이것을 고등학교 교사인 나의 친구 데이브 딕슨의 경우와 비교해 보라. 데이브의 아들은 스타급 운동선수에다(고등학교 2학년 때 벌써 대학 농구팀에서 4년간 전액 장학금을 제의받았을 정도다) 자신의 CD까지 녹음한 뮤지션이라 자기 마음대로 데이트 상대를 고를 수 있을 정도로 인기가 있었다. 그러나 그는 데이트를 하지 않기로 했고 고등학교 무도회에도 한 번도 가지 않았다.

내가 그 이유를 물어 봤더니 데이브는 이렇게 설명했다.

"나도 그런 무도회에 많이 가 보았지. 내 아들이 가야 할 곳이 아니라고 생각하네."

공연장의 아버지가 보여 준 '남자는 남자'라는 식의 호방한 입장은 욥과 데이브의 입장과는 극과 극이다. 욥과 데이브는 하나님을 더 경외하는 쪽으로 죄를 대할 줄 알았고 그대로 적용했다.

기독교를 오직 금지된 행위들로만 규정하는 부정(否定) 일변도의 신앙을 피하고 싶어하는 부모들에게 나도 공감한다. 만일 우리가 뭔가를 강조하다가 오류를 범할진대 차라리 하나님의 긍정적인 영광과 선하심, 그분의 긍휼과 자비와 위로와 사랑과 자상하심을 전하다가 오류를 범하기를 나는 바란다. 그러나 그것을 강조한답시고 자녀들에게 (또한 우리 자신에게) 죄를 미워하도록 경고하는 일을 빠뜨려서는 안 된다. 하나님이 하지 말라고 하신 일들의 태반은 우리가 순종하지 않으며(부모인 우리의 경우 자녀에게 경각심을 주지 않으면) 우리에게 중한 상처를 입히게 되어 있다. 찰스 스펄전은 "어려서부터 하나님을 믿으면 수많은 후회를 면하게 된다"[34]고 지적했다.

영적으로 건강한 자녀들은 충실하신 친구이며 참되신 동반자, 믿을 만한 구주이신 예수님이 언제나 곁에 계심을 민감하게 의식하면서 자란다. 그러나 동시에 그들은 악한 원수, 거짓말하는 적, 비열한 사기꾼이 자기들을 꼬여서 각자의 인생을 향한 하나님의 계획과 목적과 기쁨에서 벗어나게 하려고 한다는 사실도 잘 안다. 마귀의 첫째 도구는 죄라고 하는 기만적인 책략이다. 그래서 마귀는 실제로는 상심과 고통과 후회를 가져다 줄 활동을 재미있고 신나 보이게 만든다.

나는 아이들이 삶의 모든 순간을 충실하신 친구이신 예수님께 초점을 맞추어 살기 원한다. 하지만 아이들이 마귀라는 비열한 사기꾼을 완전히 잊어버리지는 않았으면 좋겠다. 나도 욥과 같은 부모가 되고 싶다. 욥은 죄를 미워하는 마음을 본으로 보였고, 죄가 어째서 그들의 적이며 그것도 가볍게 대해서는 안 될 적인지 자녀들에게 보여 주었다. 욥처럼 나도 '모든 행사가 항상' 그러했으면 좋겠다.

이번 주에는 삶 속에서 죄에 대한 적절하고 거룩한 혐오를 어떻게 자녀들에게 본 보일 수 있는지 생각해 보도록 하자.

불평할 상황에서 감사의 조건을 찾으라
19

야곱이 라헬을 위하여 칠 년 동안 라반을 섬겼으나 그를 사랑하는 까닭에 칠 년을 며칠 같이 여겼더라

창세기 29장 20절

"11분 다 됐다."
짐은 손목시계를 톡톡 치면서 아래층 샤워장 쪽을 가리켰다.
"새라가 샤워장에 들어간 지 11분이 되었다고."
짐은 내가 매주 만나서 함께 기도도 하고 성경도 공부하던 목사였다. 당시에 나는 아기가 하나뿐이었는데 30분 단위로 목욕을 시켜야 했다. 아이가 스스로 샤워를 한다는 말을 들으니 나로서는 천국이 그런 곳일까 싶었다. 그러나 짐의 얼굴에는 오랜 좌절로 말미암아 긴장된 기색이 역력했다. 열세 살 된 아이의 샤워 시간이 얼마가 적당한지 나로서는 알 턱이 없었지만 짐의 말투로 보아 11분이면 한도를 넘어선 것이 분명했다.

세월이 흘러 나는 당시의 짐보다 더 많은 자식들을 두게 되었고 주택 융자금까지 갚는 처지가 되었다. 짐의 걱정이 그제야 비로소 이해가 되었다. 퇴근길이면 우리 집은 한참 멀리서도 확 눈에 띄었다. 불이라는 불은 다 켜져 있었던 것이다.

어느 날 나는 속으로 뭐라고 중얼거리며 방마다 돌아다니고 있었다. 그 모습을 본 리자가 무슨 일이냐고 물었다.

"아무것도 아니오."

나는 말했다.

"그냥 켜져 있는 전구가 있나 살피는 중이오. 저 혼자만 소외감이 들면 안 될 테니까."

몇 년 후 새라는 대학 신입생이 되었다. 짐과 부인은 두 딸을 두었는데 가족관계가 유난히 끈끈했다. 그래서 네 식구가 모두 차를 타고 학교까지 이틀간의 여정에 올랐다. 그들은 중간에 어느 캠프장에서 멈추었다. 모닥불 앞에 앉아 있다가 짐은 퍼뜩 깨달았다. '새라가 이제 집에 없구나'. 목사의 빠듯한 월급으로 사느라고 짐은 크리스마스

방학 전에는 새라에게 집에 다녀갈 비행기 표를 사 줄 형편이 못되었다. 헤어져 지내는 14주가 몇 달 전까지만 해도 그리 길게 느껴지지 않았는데 이제는 십 년처럼 느껴졌다.

그 집의 전기세와 수도세는 분명히 줄어들겠지만, 그러나 집이 들려 주는 그 이별의 감정들을 들으면서 나는 은행 계좌에 돈이 좀 더 굳어봐야 별로 위안이 되지 않을 것 같다는 생각이 들었다.

나는 출퇴근하는 직장에 다닐 때 그 사실을 깨달았다. 그때는 아이들이 아직 어려 내가 집에 돌아오면 한바탕 난리가 났다. 차에서 내리는 순간부터 기쁨의 함성 소리가 들려왔고, 나는 세 아이의 조그만 몸뚱이들을 넘어가지 않고는 여간해서 현관 안으로 들어설 수 없었다.

어느 겨울에 집에 퇴근해 와 보니 불이 하나도 켜 있지 않았다. 처음에는 정전이라도 된 줄 알았지만 이웃집들은 환했다. 나는 빈 집으로 들어갔다. 리자와 아이들은 친구네 집에 갔다가 길이 막혀 늦어지고 있었다. 나를 맞이하는 침묵이 온 몸으로 느껴졌다. 캄캄하고 텅 빈 집은 완전히 딴 곳 같았다. 내가 그런 일을 하게 될 줄은 꿈에도 몰랐지만 나는 리자와 아이들을 맞이하려고 집 안의 불을 거의 다 켰다.

그 사건은 나에게 개안(開眼)의 순간이 되었다. 하나님이 우리의 심중에 진리를 각인시켜 주시고 평범한 것들이 예언을 발하는 그런 순간 말이다. 한동안 시간이 정지하면서 한 가지 심오한 생각이 내 안에 고였다. 그 생각이 말로 잘 표현되지는 않았지만 이것만은 분명히 깨달았다. 모든 축복에는 짐이 수반된다는 것이다. 하나님이 내 아내와 아이들을 천국으로 데려가신다면 우리 집의 전기세는 훨씬 줄겠지만 나의 마음에는 대륙만큼 큰 구멍이 뚫릴 것이다.

모든 불평에는 감사의 조건이 숨어 있음을 나는 곧 깨달았다. 비가 와서 기분을 망쳤다면 그것은 당신이 아직도 건강하여 밖에 나가 날씨를 즐길 수 있다는 사실에 일부 기인한다. 병원에 갇혀서 사는 사람들과 대화해 보면 날씨에 대하여 불평하는 사람이 없을 것이다.

당신이 너무 바쁘다면 그것은 당신에게 직업이 있다는 뜻이다. 빨랫감이 잔뜩 쌓였다면 그것은 누군가 옷을 더럽힐 사람이 살아 있다는 뜻이다. 교회에 이런저런 문제가 있다면 사람들이 실제로 당신의 교회에 나오고 있다는 뜻이다.

결국은 우리가 상황을 어떻게 보기로 할 것인가 하는 문제로 귀결된다. 하나님은 짐을 없애 주실 수 있지만 그 과정에서 축복도 함께 가져가시게 될 것이다. 야곱은 라헬과 결혼하기 위해 장장 7년이나 일했다. 그러나 라헬을 사랑하였기에 칠 년이 칠 일보다도 짧게 느껴졌다. 그는 짐을 보지 않고 계속 축복에 매료되어 있었다.

이번 주에는 아이들의 아이들다운 행동, 어질러 놓고, 화장지를 새로 끼워 놓지 않고, 불을 켜 놓고, 차를 지저분하게 쓰는 등의 행동 때문에 당신에게 불평이 생길 때마다 그 짐 이면의 축복을 떠올리게 해 달라고 하나님께 기도해 보라. 깔끔한 집, 절약된 전기료, 흠 없는 자동차 따위로 인한 만족감이 가히 사랑의 관계에 비할 바가 아니라는 사실을 기억하게 해 달라고 기도하라.

아이와 함께 자라가라
20

그런즉 사랑하는 자들아 이 약속을 가진
우리는 하나님을 두려워하는 가운데서
거룩함을 온전히 이루어 육과 영의 온갖
더러운 것에서 자신을 깨끗하게 하자
고린도후서 7장 1절

우리 집은 3층 구조로 되어 있다. 전화벨이 울리면 언제나 최소한 두 층을 이동해야만 사용 가능한 전화기가 있는 것 같으니 참 신기한 일이다. 심지어 내가 중간층에 있을 때에도 말이다! 물리학적으로 불가능한 말 같지만 문제는 내 짐작이 언제나 빗나간다는 데 있다. 전화기가 아래층에 있는 줄 알고 그리로 달려가 보면 결국 전화기는 전부

맨 위층에 있다. 그러니 나는 한 층을 아래로 내려갔다가 다시 두 층을 위로 올라가야 하는 것이다. 반대로 위층으로 가 보면 거의 확실하게 전화기는 죄다 아래층에 있다. 편하게 소파 쿠션 밑에 찔러 두었거나 사려 깊게 컴퓨터 책상 밑에 치워 둔 것이다.

게다가 그 모든 달음박질은 전화벨이 네 번을 울리기 전에 끝나야 한다.

이 불변의 법칙에 너무나 약이 오른 나는 전화기를 무선 석 대, 유선 두 대 도합 다섯 대를 사서 세 층에 고루 분산시켜 놓았다. 그렇다, 층수는 셋인데 전화기는 다섯 대나 둔 것이다. 전화기만 충분히 확보하면 결국 그 중의 하나는 각 층에 있으려니 생각했던 것이다.

오산이었다! 무선 전화기가 전부 한 곳에, 이를테면 빨래 더미나 아이의 운동 가방 밑에 묻혀 있어서 전화를 받지 못하는 경우가 우리 집에는 수시로 발생한다. 지난주만 해도 차고 세일 중에 어떤 부인이 우리에게 전화기를 좀 빌리자고 했다. 내가 밖으로 들고 나갈 수 있는 전화기 한 대를 찾는 데 거의 10분이 걸렸다. 누구라고는 말 안하겠지만 결국 두 대의 무선 전화기가 한 아이의 방에서 나왔는데 하나는 침대와 벽 사이에 끼어 있었고 또 하나는 큰 캐비닛 밑에 깔려 있었다. 물론 그 아이는 누가 전화기들을 거기에 두었는지 "아는 바 없었다."

어느 날 오후, 나는 미친 듯이 위층으로 달려갔지만 전화를 받지 못했다. 드디어 좌절이 한계점에 이른 나는 아내와 아이들에게 이렇게 하소연했다.

"말이지, 우리 집에는 각 층마다 전화기가 최소한 한 대씩은 있어. 전화기를 쓰고서 그 층에 그냥 두는 게 뭐가 어려워? 엉? 뭐가 어렵냐고? 이건 검정색 전화기야. 제자리는 바로 여기고!"

"게리."

아내가 말했다.

"그 전화기를 마지막으로 쓴 사람은 당신이에요. 기억나세요? 30분쯤 전에 당신한테 전화가 와서 당신이 위층이 더 조용하다며 거기로 가져갔잖아요. 당신이 위층에 둔 거예요."

맙소사, 아이들은 배꼽을 잡고 웃어댔고 나는 입이 열 개라도 할 말이 없었다. 리자가 나를 현행범으로 잡았던 것이다.

그게 정말 뭐가 어렵다고!

진부한 예일 수 있지만 원리는 심오하다. 부모인 우리들은 마치 나는 절대 실수하지 않는 것처럼, 나는 이미 다 되었으니 아이들만 잘 따라오면 가정생활이 한결 잘 풀릴 것처럼 행동하기가 너무 쉽다. 바울의 표현을 빌자면 우리는 '자신을 깨끗케' 하는 데 주력하는 대신에 아이들만 깨끗케 하려 든다.

하나님이 우리 모두에게 지금도 일하고 계시다는 사실을 망각하는 것은 자녀 양육의 직업 재해라 할 수 있다. 자녀를 훈련하는 것이 우리의 본분임은 분명하지만 우리에게도 훈련이 필요함을 잊어서는 안 된다. 우리는 자녀들을 바로잡으라고 보냄받은 완벽한 역할 모델이 아니다. 우리는 모두 격려와 교훈이 필요한 죄인들의 일가족이다. 모두 하나님의 은혜를 구하는 가운데 자비에 힘입어 자라가야 한다.

성경에 나타난 성품의 성장은 평생에 걸친 적극적인 추구가 필요하다. 고린도 교인들에게 바울은 우리가 거룩함을 온전히 이루는 과정으로 부름받았다고 말했다(고후 7:1). 우리가 이미 다 된 것처럼 행동한다면 그것은 자녀들에게 영적 성장이란 평생에 걸친 소명이 아니라 지나가는 과정일 뿐이라고 가르치는 것이다. 나는 여기에 대한 앤드류 머레이의 견해를 아주 좋아한다.

> 우리가 자기 자신과 자녀들을 구원해 줄 만큼의 종교로 만족하는 한 우리는 자녀들이 혹 구원받지 못하여도 놀라서는 안 된다. 우리부터 성령의 충만을 구하고 하나님 나라를 위하여 삶 전체를 바칠 때에만 우리는 자녀들을 위한 영적인 훈련에 성공하는 축복을 기대할 수 있다.[35]

나는 날마다 자라는 나의 모습을 자녀들이 보기를 원한다. 하나님께 붙들려서 아이들의 바로 목전에서 빚어지고 변화되어 가는 한 심령의 역동적인 모습을 자녀들에게 본으로 보이고 싶다. 그런 삶은 나 또한 진행 중인 작품임을 인정하는 데서 시작되며, 부모로서 나에게 권위가 있지만 동시에 그리스도 안에서 내가 그들의 형제이기도 함을 인정할 때 지속된다. 내가 자녀들을 가르치듯이 하나님은 자녀들을 사용하여 나를 가르치신다. 예수께서 어린아이 하나를 어른들 앞에 세우시고 이렇게 말씀하신 것을 잊지 말라.

> "하나님의 나라에 들어가려면 이 아이가 곧 너희의 역할 모델이다"(마 18:3~4, 내가 풀어쓴 것).

그렇다. 그날 나는 아이들 앞에서 큰 무안을 당했다. 그러나 영적으로 말한다면 그것은 근래 몇 년 사이에 나에게 가장 값진 교훈들 중의 하나였다.

자녀들에게 '거룩함을 이루는' 과정의 본을 보이자. 자녀들의 부족한 점만 보던 것을 그만두고, 이제부터 자신을 깨끗케 하는 부분에 주목하자. 하나님이 한 영혼을 어떻게 빚으시는지 우리의 자녀들에게 직접 목격할 기회를 주자. 그리하여 하나님의 성령으로 충만해진다는 것, 지속적으로 충만해진다는 것의 참 의미가 무엇인지 아이들에게 삶으로 가르쳐 주자.

자녀로 인한 행복한 성숙의 길을 누리라
21

아무 일에든지 다툼이나 허영으로 하지 말고 오직 겸손한 마음으로 각각 자기보다 남을 낫게 여기고 각각 자기 일을 돌볼뿐더러 또한 각각 다른 사람들의 일을 돌보아 나의 기쁨을 충만하게 하라

빌립보서 2장 3~4절

    18세기에 어떤 사람이 루이 15세를 암살하려고 했다. 그는 아무 눈치도 채지 못한 왕을 칼로 찔렀다. 치명상은 아니었으나 처음에 의사들은 그런 줄 알고 우려했다(그리고 거의 치명상으로 만들 뻔했는데 그 사연인즉 이미 엄청난 양의 출혈이 있었던 그에게 더 피를 흘리게 만들었던 것이다).

    프랑스의 왕은 최악의 경우를 생각했다. 그는 아들을 불러서 자기

책상의 열쇠를 넘겨 주었다.

"아들아."

왕이 말했다.

"이제 이것은 네 것이다. 너는 나보다 행복하기를 빈다. 아주 중대한 시기에 왕국을 너에게 맡긴다. 현명하게 나라를 잘 통치해 주기 바란다."

왕의 아들은 아버지의 손을 잡고서 그 위에 입을 맞추며 슬픔에 젖어 울먹울먹 중얼거렸다.

"차라리 이런 일을 제가 당했더라면 좋았을 것을요."

"그랬다면 내 고통이 훨씬 더 심했을 것이다!"

왕이 대답했다.

여기 세상 최고의 남자가 있다. 그는 비할 나위 없는 호사와 권력과 특전을 누리며 살았다. 그는 사실상 어떤 여자도 마음대로 취할 수 있었고(실제로 자주 그랬다) 자기한테 밉보이는 적이라면 누구라도 죽일 수 있었다(실제로 가끔 그랬다). 이스라엘의 솔로몬 왕처럼 그도 거의 자제를 몰랐다. 그런데 그런 사람이 아들의 죽음을 보느니 차라리 자신의 운명이 다하는 것이 훨씬 낫다고 말한 것이다.

부모라면 누구나 같은 마음일 것이다. 우리에게 그것은 거의 당연한 일이다. 성숙의 과정인 자녀 양육은 자신의 안위밖에 모르는 지독히도 이기적인 우리를 이타적인 성인(聖人)으로 바꾸어 준다. 내 목숨이라도 기꺼이 바쳐서 나 아닌 다른 사람을 살리겠다는 우리의 고백은 자녀 양육을 통하여 복되신 구주를 좀 더 닮게 되었다는 말과 다르지 않다. 그분은 영적인 자녀들을 살리시려고 자신의 목숨을 내어 주신 분이다.

"너희 안에 이 마음을 품으라 곧 그리스도 예수의 마음이니 … 자기를 비워 … 죽기까지 복종하셨으니 곧 십자가에 죽으심이라"(빌 2:5, 7, 8).

유명한 연예인 빙 크로즈비의 미망인에 따르면 한 번은 그가 그녀에게 전화를 걸어(서 소식을 전하고 싶어서 그는 집에 갈 때까지 기다릴 수가 없었다) 이렇게 말했다.

"오늘이 내 평생에 가장 행복한 날이오."

"무슨 일이에요, 여보?"

그녀가 물었다.

"나다니엘그들의 아들이 방금 벌링게임 컨트리 클럽에서 남자부 골프 챔피언이 되었다오."

빙의 미망인은 이렇게 말했다.

"남편에게는 그날이 최고로 행복한 날이었습니다. 노래나 영화나 기타 자신의 쇼 비즈니스가 성공한 날도 아니었고 결혼식 날도 아니었습니다. … 우리 아들이 벌링게임 컨트리 클럽에서 남자부 골프 챔피언이 되었다는 사실이 가장 기뻤던 것입니다."

화려한 업적과 명성의 소유자였던 그가 자기 아들이 이룬 비교적 작은 일에서 최고의 기쁨을 얻었던 것이다. 빙은 싱글 앨범으로("화이트 크리스마스") 사상 최고의 판매 실적을 올린 적이 있다. 스포츠계에서 컨트리 클럽 챔피언이라면 정찬이 아닌 인스턴트 수프 정도에 해당된다. 그런데도 빙은 즐거이 큰 일보다 작은 일을 택했다. 그 작은 일을 이룬 사람이 바로 자기 아들이었기 때문이다.

자신의 업적으로 인한 즐거움보다 아이들로 인한 행복이 우리는 훨씬 더 기쁘다. 부모 노릇을 하는 사이에 우리는 나를 앞세우며 매사를 자신의 기준으로 평가하던 사춘기적인 단계에서 벗어나 마침내 다른 사람을 더 중시하는 자리로 성숙해 간다.

평생 자녀를 낳지 않겠다는 젊은 부부들이 갈수록 늘어가는 것 같다. 그들은 양육비, 힘든 뒤치다꺼리, 여가 생활의 방해 따위를 말한다. 재정적으로 그들은 아이를 낳지 않음으로써 남보다 한참 '앞서갈' 것이다. 마음고생도 덜할 것이고 차분한 평화도 물론 더 많을 것이고 스케줄의 융통성은 말할 것도 없다. 그들은 고객들도 더 많이 받고, 더 나은 장비도 설계하고, 소프트웨어 판매량도 늘릴 수 있을 것이다.

그러나 영적으로 자신이 무엇을 놓치게 될지 그들은 전혀 알지 못한다.

자아에 대하여 죽는 것이 때로 아주 고통스럽게 느껴질 수 있지만 그것이야말로 인간이 맛볼 수 있는 영적인 체험 중 가장 큰 자유를 가져다 준다. 이 과정을 이루시는 하나님의 가장 확실한 방법 중의 하나가 우리에게 자녀를 주시는 것이다. 자녀는 그 존재 자체로 인하여 우리가 마침내 자신의 행복보다 다른 사람의 행복을 앞세우는 자리로 나아가게 한다.

자아도취에서 이타주의로 가는 이 여정이 어느 부모에게나 저절로 된다고 말한다면 물론 그것은 약간 지나친 과장이다. 그것은 저절로 되는 일이 아니다. 그래서 우리는 그것을 이번 주의 숙제로 삼으려고 한다. 우리는 지금 이 여정을 잘 가고 있는가? 그 다리를 건너고 있는가? 아니면 자녀들 때문에 이것저것 빼앗겨서 억울하다는 생각밖에 없는가? 나 자신의 행복을 지키려고 이기적으로 애쓰고 있는데 포기해야 할 것들이 많아 고민인가?

하나님이 자녀를 통하여 우리의 자아도취를 조금씩 무너뜨리시고, 그리하여 우리를 복주시고 영적으로 준비시켜 주시도록 기회를 드리자. 그 효과를 믿고 우리 자신은 맨 뒤로 물러나자. 자녀들은 우리의 마음을 차지하여 마침내 우리를 자신의 행복과 성취보다 다른 사람의 행복을 더 중시하는 자리로 데려간다. 자아도취는 하나님 나라의 일에 아주 막강한 적이므로 이는 자녀들이 우리에게 지대한 공헌을 하는 것이다.

자녀에 대한 원시안적 안목을 가지라
22

이 세상이나 세상에 있는 것들을 사랑하지 말라 누구든지 세상을 사랑하면 아버지의 사랑이 그 안에 있지 아니하니 이는 세상에 있는 모든 것이 육신의 정욕과 안목의 정욕과 이생의 자랑이니 다 아버지께로부터 온 것이 아니요 세상으로부터 온 것이라 이 세상도, 그 정욕도 지나가되 오직 하나님의 뜻을 행하는 자는 영원히 거하느니라

요한일서 2장 15~17절

"영재의 부모들은 10년, 어쩌면 20년 앞을 내다본다. 우리 같은 부모들은 100년 앞을 내다본다."

앨런과 린제이에게는 열다섯 살 된 로비라는 아들이 있다. 로비를 가장 잘 표현하는 말은 '느리다'는 것이다. 그는 기는 것도 느렸고, 말

하는 것도 느렸고, 읽는 것도 느렸고, 주변 상황을 파악하는 것도 느렸다. 그는 또래들과 대화에 참여하는 데 애를 먹었다. 그에게는 언어가 아주 어려워서 대화 중에 어색한 순간에 불쑥 끼어든다. 예컨대 어떤 화제가 이미 지나간 지 5분쯤 지나서야 난데없이 그 화제를 다시 꺼낸다. 그러면 친구들은 이상한 사람 보듯 그를 쳐다본다.

앨런은 이렇게 말한다.

"로비는 대화에 참여하려고 그 5분 동안 정말 열심히 애써서 뭔가를 생각해낸 것인데 사람들은 그것을 몰라 줍니다."

로비가 더 어렸을 때는 친구들이 몇 있었으나 지금은 대부분 떨어져 나갔다. 좀 더 복잡한 친교 상황들 속에서 로비가 느리다는 것이 드러났고 그러자 친구들은 정상 속도의 새 친구들을 사귀었다. 앨런은 "두어 명의 아이가 요즘도 동정심에서 1년에 한두 번 전화를 하는 모양이지만 이제 로비는 혼자가 되었습니다"

라고 말한다. 그리고는 이렇게 덧붙인다.

"일반 아이들의 경우 부모는 5년이나 10년 앞을 생각할 겁니다. 고등학교 졸업, 결혼, 취직, 손자손녀 따위가 되겠지요. 그러나 솔직히 말해서 로비의 고등학교 졸업장에는 유보 조건들이 중동 평화안案보다 더 많을 것입니다. 대학은 로비의 미래에 없습니다. 로비가 결혼한다는 것도 상상하기 힘듭니다. 우리가 만나고 있는 대다수의 상담자들이 인정하는 것처럼 로비가 혹 직업을 얻을지는 몰라도 그 보수는 가족 부양은 고사하고 저 혼자 먹고 살기에도 모자랄 것입니다.

"한동안 우리 부부는 상실감 속에서 살다가 결국 우리에게 좀더 원시안적 시각이 필요하다는 것을 깨달았습니다. 로비가 세상에 주는 선물은 이 세상이 늘 '공평한' 것은 아니며 이 세대가 이야기의 끝이 아님을 우리에게 가르쳐 준 것입니다. 어떤 아이들은 그 뛰어난 재능으로 이 세상을 가리켜 보이지만 어떤 아이들은 자기에게 없는 것들로 인하여 천국을 가리켜 보입니다. 어쩌면 로비는 이 땅에서 친구가 많지 않고 결혼의 친밀감이나 갓 태어난 아들딸을 안아 보는 기쁨도 맛보지 못할지도 모릅니다. 그러나 이 세상의 낙이 아무리 풍성하여도 우리를 기다리고 있는 천국의 놀라운 실상에 견줄 바 못됩니다. 나는 다른 아이들을 키울 때는 늘 이 세상에 너무 몰두하여 천국에 대한 생각은 거의 하지 못했습니다. 그런데 로비를 키우면서는 항상 천국을 생각하게 됩니다."

나는 앨런에게 어떻게 그 힘든 과정을 지나며 '근시안' 부모들의 세상에서 '원시안'을 가지게 되었냐고 물었다. 다음날 그는 조나단 에드워즈의 《천국은 사랑의 나라입니다》(부흥과개혁사)라는 책을 가지고 와서 내게 보여 주었다.

에드워즈는 흔히 마지막 청교도, 미국 최고의 지성으로 불리는 사람이다. 물론 내가 가장 좋아하는 사람 중 하나이기도 하다. 현대의 작가이자 목사인 존 파이퍼는 바로 그 책을 추천하면서 이런 결론을 내렸다.

이 세상에 유익한 존재가 되려면 다른 세상과 사랑에 빠져야 한다고 나는 전심으로 믿는다. 그리스도의 영광을 위하여 이 세상을 변화시키려면 다른 세상의 영광과 지혜로 흠뻑 젖어야 한다. 지금 한 차원에서 다른 차원의 영광으로 변화되려면 조만간 드러나게 될 그 은혜를 온전히 소망해야 한다. 세상의 빛이 되려면 우리의 횃불을 천국의 불꽃 속에 넣어야 한다. 이 모든 것에서 조나단 에드워즈는 우리의 훌륭한 조력자이며 이 책은 그의 가장 성대한 진찬 중의 하나다.[36]

앨런은 자기에게 가장 깊이 와 닿았던 대목들을 나에게 몇 군데 보여 주었다. 어느 한 장에 에드워즈는 이렇게 썼다.

천국에는 아름다운 존재들밖에 없다. 불쾌감을 주거나 아름답지 못하거나 오염된 사람이나 물건은 천국에서 볼 수 없다. … 어떤 자연적인 혹은 도덕적인 기형으로 형체가 일그러진 것도 없다. 모든 것이 그 자체로 보기에 아름답고 사랑스럽고 탁월하다.[37]

앨런은 이렇게 말했다.

"로비의 장애가 벗겨질 날이 옵니다. 로비도 남들이 농담을 다 끝낸 지 3분 후가 아니라 농담을 듣는 그 순간에 웃게 될 것입니다. 처음으로 사람들은 천국의 몸으로 영광스럽게 변화된 로비의 아름다움을 보며 감탄할 것입니다. 로비를 이상한 사람 보듯 쳐다보며 도대체 무엇이 문제인지 알아내려고 하던 일은 더 이상 없을 것입니다."

"여기를 보십시오."

앨런은 신이 나서 또 다른 장의 한 대목을 읽었다.

> "천국의 사랑은 언제나 상호적이다. 언제나 적절한 사랑의 반응이 돌아온다. … 그 복된 세계의 거민들 중에는 자신이 사랑하는 사람들한테 무시당하거나 자신의 사랑에 따뜻한 반응이 충분히 없을지도 모른다는 생각으로 슬퍼할 사람이 아무도 없다."[38]

"친구한테 전화를 걸어 잘 알아듣기 힘든 통화를 하면서 내내 불안하여 어쩔 줄 모르던 로비의 모습, 그러다 이전 친구들이 자기를 피하는 것을 느끼고는 마음 아파하던 로비의 얼굴 표정, 그것을 보면서 우리 부부의 마음이 무너진 적이 얼마나 많았는지 모릅니다. 천국에 가면 그 모든 것이 끝날 것입니다. 로비는 다시는 무시당하지 않을 것이고 로비의 사랑에는 에드워즈의 말대로 언제나 '따뜻한 반응'이 있을 것입니다."

눈부신 성취를 이루어 내는 아이들은 정말 우리를 근시안으로 만드는 경향이 있다. 많은 부모들의 크리스마스 편지는 그런 성취에 관한 이야기 일색이다. 우리는 그런 아이들의 레크리에이션 특기, 학업 성취, 장래의 혼삿길, 직업적인 전망에 온통 사로잡힐 수 있다. 그러나 때때로 하나님은 그런 것들을 하나도 갖추지 못한 아이를 보내신다. 그 아이는 부모의 마음을 무너뜨리고 슬픔을 당하게 하지만 그러나 이 세상과 그 안에 있는 모든 것이 잠시 지나가는 것이라는 진리로 부모의 영혼을 넓혀 줄 수 있다.

요한은 우리에게 말한다.

"이 세상이나 세상에 있는 것들을 사랑하지 말라 누구든지 세상을 사랑하면 아버지의 사랑이 그 속에 있지 아니하니 이는 세상에 있는 모든 것이 육신의 정욕과 안목의 정욕과 이생의 자랑이니 다 아버지께로부터 온 것이 아니요 세상으로부터 온 것이라 이 세상도, 그 정욕도 지나가되 오직 하나님의 뜻을 행하는 이는 영원히 거하느니라"(요일 2:15~17).

조심하지 않으면 우리는 이 세상의 약속과 즐거움과 세월에 푹 젖어서 자칫 우리가 속한 곳이 여기가 아님을 망각할 수 있다. 이 세상에도 큰 영광과 아름다움이 있음을 인하여 하나님께 감사한다! 이 세상에도 큰 행복과 큰 신바람과 큰 의미가 있을 수 있다. 그러나 그리스도인들은 하나님이 우리를 창조하신 목적, 우리의 모든 소망의 기초가 되는 영광스러운 소망을 잊어서는 안 된다.

"그가 우리에게 약속하신 것은 이것이니 곧 영원한 생명이니라"(요일 2:25).

이 세상에 '잘 맞는' 자녀를 둔 부모들은 이 세상에 너무 애착을 둔 나머지 자녀들에게 다음 세상을 준비시켜 주는 일을 망각하거나 소홀히 할 수 있다. 부모가 너무 근시안이 되어서 자녀들이 겨우 80~90년의 이 땅의 삶에는 '성공'하고 영원한 세상은 놓친다면 이 얼마나 큰 비극인가!

무엇이 정말 중요한 것인지 우리로 하여금 잊지 않게 해 주는 자녀를 인하여 하나님께 감사하라.

"그러나 먼저 된 자로서 나중 되고 나중 된 자로서 먼저 될 자가 많으니라"(마 19:30).

자녀들의 삶의 모든 역경과 실망은 부모로서 감당하기 어려울 때가 있지만, 그 덕분에 우리의 자녀 양육은 좀 더 원시안이 될 수 있다. 이 세상도 중요하지만 그것이 우리 자녀들의 삶의 마지막 장은 아니다. 사실 그것은 아직 머리말도 다 아니다.

자녀에게도 신앙의 매너를 보여 주라
23

그러므로 너희는 하나님이 택하사 거룩하고 사랑 받는 자처럼 긍휼과 자비와 겸손과 온유와 오래 참음을 옷 입고 누가 누구에게 불만이 있거든 서로 용납하여 피차 용서하되 주께서 너희를 용서하신 것 같이 너희도 그리하고 이 모든 것 위에 사랑을 더하라 이는 온전하게 매는 띠니라

골로새서 3장 12~14절

요즘 기독교의 메시지에 관한 말들을 많이 한다. 분명 중요한 주제다. 신앙생활의 방법에 대해서도 관심이 많다. 믿지 않는 사람들에게 복음을 전하는 법, 기도하는 법, 재정을 관리하는 법 등이다. 그러나 우리가 흔히 놓치는 것이 있다. 신앙의 매너를 충분히 강조하지 않는 다는 것이다. 이것은 하나님을 믿음으로써 다른 사람들을 향한 우리

의 행동 방식이 어떻게 달라지고 우리의 성품이 어떻게 다듬어지느냐의 문제다.

19세기의 고전 《사랑 세상에서 가장 위대한 것》(생명의말씀사)의 저자 헨리 드러먼드는 못된 성질에 대하여 우리에게 이런 경고를 들려준다.

> 성마른 성질의 얄궂은 점은 그것이 유덕한 자의 악덕이라는 것이다. 그것은 전반적으로 고매한 성품 중 한 가지 오점일 때가 많다. 금방 파르르하거나 쉽게 욱하거나 화를 잘 내는 성질만 빼고는 거의 완전한 남자들, 완벽에 가까운 여자들을 당신도 알 것이다. 성마른 성질과 높은 도덕성이 한 사람 안에 공존하는 현상은 윤리학의 가장 이상하고 서글픈 문제들 중의 하나다.[39]

바로 이런 점에서 자녀 양육은 우리가 영성 개발의 다음 걸음을 내딛는 데 도움이 될 수 있다. 성마른 성질이나 화를 잘 내는 성격을 자녀 양육만큼 확실히 들추어 내주는 것은 없기 때문이다. 부모가 되면 성질을 돋우는 일을 당하기 마련이다. 평소에 아이들은 우리의 최선의 모습과 최악의 모습을 동시에 들추어 내는 경향이 있다. 우리가 성미가 급하거나 화를 잘 내거나 신경이 예민하다면 자녀를 기르는 중에 그 약점이 반드시 드러나게 되어 있다.

그런데 자녀 양육에서 나쁜 매너는 대개 심각한 결점으로 간주되지 않는다. 우리는 다른 죄들은 절대 그런 식으로 변명하지 않을 거면서 나쁜 매너에 대해서는 변명하기에 바쁘다. 우리는 "내가 너무 피곤하고 스트레스가 많아서 그랬던 것뿐이다"라고 말한다. 하지만 아이들 앞에서 술에 만취하는 것도 단순히 스트레스가 많아서라는 이유로 변명할까? 아무리 피곤해도 우리는 난잡하고 외설적인 말을 아이들에게 할 생각은 하지 않을 것이다. 아이들이 우리를 정말 화나게 만들어도 물리적인 폭력을 행사하는 것을 정당화하지는 않을 것이다. 우리 신앙의 익히 알려진 메시지와 방법들이 그런 잘못들을 모두 금하고 있다고 믿기 때문이다.

하지만 언어폭력은? 걸핏하면 짜증내는 버릇은? 그런 것들이라면 우리는 마치 조금도 중요하지 않은 것처럼 넘어간다. 오늘의 신앙 공동체가 신앙의 매너에 관심이 없어도 너무 없는 경향 때문이다. 다른 사람들을 온유와 인내로 대하신 그리스도의 정신을 우리는 자녀들에게 본 보이고 있는가? 생각해 보면 이것만큼 중요한 일도 없다. 자녀들을 하나님과 사랑에 빠지게 해 주는 것이 우리의 목표이기 때문이다. 그렇게 하려면 온유, 은혜, 자비, 인내 등 그분의 가장 아름다운 성품들을 본으로 보여 주는 것보다 더 좋은 방법이 있겠는가?

드러먼드는 때에 맞는 말을 들려 준다.

"어떤 형태의 악덕이나 세속성이나 물욕이나 술 취함도 화를 잘 내는 성질보다 더 이 사회를 기독교와 멀어지게 하지는 않는다. 그것은 삶을 비참하게 만들고 공동체를 깨뜨리고 가장 신성한 관계들을 망쳐놓고 가정을 파탄 내고 사람들을 위축시키고 유년시절의 생기를 빼앗는 일이다. 요컨대 까닭 없이 재난을 부르는 위력이라면 그 파급력을 따라올 것이 없다."

지금 우리는 신경질적인 기분으로 자녀들의 꽁무니를 쫓아다니며 '유년의 생기를 빼앗고' 있지는 않은가? 자신의 성질을 자제하지 못하여 '재난을 부르는 위력'을 휘두르고 있지 않은가? 자신의 악감정을 살벌하게 폭발시켜 가족들을 위축시키고 있지 않은가? 그렇다면 우리는 우리 삶의 매너 문제를 생각해 보아야 한다.

그렇다면 우리의 성마른 성질을 어떻게 처리할 것인가? 최고의 해독제는 겸손이다. 회개하는 마음으로 그간 하나님이 우리를 얼마나 많이 용서해 주셨는지를 떠올려 보자. 그분이 우리를 얼마나 자비롭게 대해 오셨는지 늘 민감하게 의식하고 우리에게 부어 주시는 은혜에 감사해 보자. 그러면 우리도 다른 사람들에게 용서와 자비와 은혜를 베풀고 싶은 마음이 속에서부터 솟아난다.

우리의 삶 속에 회개가 죽으면 율법적이고 완벽주의적인 흠잡기가 시작된다. 하나님의 은혜를 계속 민감하게 느끼기보다 모든 작은 무시, 모든 작은 짜증, 조금이라도 불편하거나 방해를 주는 모든 일에 민감해진다. 은혜를 사모하는 백성으로 살지 않을 때에 우리는 다른 사람들에게 완전함을 기대한다. 그러다 조금이라도 불완전한 모습이 신경을 건드리면 그때마다 우리는 지독하게 화를 낸다.

드러먼드는 이렇게 충고한다.

"우리의 영혼이 아름다워지는 것은 독한 액체를 밖으로 뽑아내서가 아니라 크신 사랑, 새로운 영, 그리스도의 영을 받아들여서 그렇게 된다. 우리의 영혼 속에 들어오시는 그리스도의 영이 모든 것을 아름답게 하시고 깨끗하게 하시고 변화시키신다."

다시 말해서 우리는 항복(降伏)한 예배자가 되어 수시로 하나님의 임재 앞에 서야 한다. 그리고 성령께서 우리 마음속에 오셔서 우리의 태도를 속에서부터 변화시켜 주시도록 기회를 드려야 한다. 자녀 양육은 바쁜 일이고 이 세상도 바쁜 곳이다. 그러나 우리는 예배가 스케줄의 희생물이 되지 않도록 늘 조심해야 한다. 우리가 수시로 일관되게 하나님으로 충만해지지 않으면 우리의 가정이 수시로 일관되게 증오와 비난과 판단과 악감정과 조급함으로 충만해질 것이기 때문이다. 모두가 영혼을 절름발이로 만드는 성마른 성질의 흉한 단면들이다.

하늘 아버지의 임재 안에서 이번 한 주를 시작하라. 그리스도의 아름다운 태도들로 당신을 채워 달라고 기도하라. 지금껏 당신이 자녀들에게 복음의 메시지를 가르쳐 왔다면, 잘한 일이다! 또한 자녀들에게 기도하는 법을 가르쳐 주고 용돈의 십일조를 드릴 것을 강조했다면, 잘한 일이다!

이제 신앙의 매너를 본 보일 때다. 우리를 향한 하나님의 아름다운 성품을 자녀들에게 보여 주자. 우리의 자녀들이 하나님의 말씀뿐 아니라 궁극적으로 그분 자신과 사랑에 빠질 수 있도록 도와주자.

하나님이 주신 지혜를 전수하라
24

또 네가 많은 증인 앞에서 내게 들은 바를 충성된 사람들에게 부탁하라 그들이 또 다른 사람들을 가르칠 수 있으리라

디모데후서 2장 2절

패트 콘로이의 진솔한 회고록 《나의 패배 시즌》(*My Losing Season*)을 보면 어렸을 때 그에게 농구가 얼마나 중요했는지 알 수 있다. 아버지가 군인이라서 패트는 이사를 자주 다녔다. 그의 삶에 변치 않는 것 하나, 편하게 느껴진 곳 하나는 바로 농구 코트였다. 어느 주에 살든 상관 없었다. 농구 골대는 언제나 10피트 높이였고 자유투 라인은

언제나 15피트 거리였다. 그리고 그의 주변에는 언제나 네 명의 팀 동료들이 있었다.

패트의 아버지도 훌륭한 농구 선수였다. 패트의 말을 빌리면 "지금도 일부 사람들은 그를 성 앰브로즈 대학 역사상 가장 뛰어난 농구 선수로 꼽고 있다. … 그리고 그의 이름은 체육인 명예의 전당에 걸려 있다."[40]

그런데 패트는 아버지가 그 실력으로 자녀들에게 한 일이 거의 아무것도 없다고 말한다. 근래 들어서 나는 그렇게 슬픈 글을 읽어 본 적이 없다.

기량이 뛰어났던 아버지는 나에게 농구에 관한 모든 것을 가르쳐 줄 수도 있었다. … 그러나 그는 나에게 아무것도 가르쳐 주지 않았고, 나는 한쪽 발을 축으로 회전하는 것이나 리바운드를 막는 법이나 팀 동료가 자유롭게 슛을 던질 수 있도록 상대를 견제하는 법이나 전반적인 수비 방법도 모른 채 시타델 대학에 들어갔다. 아버지는 슛도 멋 있고 리바운드도 날카롭게 잘 잡았고 수비 실력도 뛰어났지만 그 신들린 실력을 다섯 아들 중의 누구에게도 전수해 주지 않았다. 우리는 아버지의 전설에 가려져서 자랐고 그 전설은 우리를 돕고자 손가락 하나 까딱하지 않았다. 우리의 작은 성취로는 겨우 인정을 받을까 말까 한 상황에서 말

이다.[41]

하나님이 우리에게 주신 유산 중에서 우리가 자녀들에게 전수하지 않고 사장해 두고 있는 것은 무엇인가? 하나님은 아브라함에게 그가 복을 받은 것은 복이 되기 위해서라고 하셨다(창 12:2). 바울은 디모데에게 그간 자기에게 배운 것을 다른 사람들에게도 '부탁'하라고 했다(딤후 2:2). 신구약 모두 우리에게 충실한 도관(導管)과 메신저가 되어 그간 하나님께서 보여 주신 은총이 무엇이든 그것을 전수할 것을 촉구하고 있다.

어쩌면 나처럼 당신도 자식들에게 전수해 줄 농구 지식은 별로 없을지 모른다. 하지만 당신이 기도에 대하여 배운 것은 무엇인가? 인간관계, 결혼, 재정 관리, 우정에 대하여 배운 것은 무엇인가?

하나님은 이 모든 영역에서 인내로 우리를 지도해 오셨다. 때로 우리는 깨어진 관계나 산더미 같은 빚을 통하여 어렵게 배웠다. 그러나 우리가 배운 것이 무엇이든 그것을 자녀들에게 전수해 주는 것이 우리의 영적인 본분이다. 줄 것이 별로 없다고 느껴질 때도 있다. 그러나 나에게 있는 것은 다 주는 것이 나의 책임이다.

그레이엄이 중고등부에서 짤막한 강연을 해달라는 부탁을 받고서 집에 왔던 일이 기억난다. "아빠, 도와주실 거지요?" 아들이 물었다.

그레이엄에게 자동차 수리나 까다로운 배관 공사나 주택 건설 따위를 도와줄 수는 없겠지만 강연은 내가 도와줄 수 있는 일이었다. 우리는 도입의 중요성, 몇 가지 요점만 명확히 제시해야 할 이유에 대하여 이야기했다. 그리고 어떤 강연이든 "하나님이 영광을 받으시는 대목이 어디인가?"를 무엇보다 중요하게 자문해야 한다는 것도 말했다.

안타깝게도 우리의 부모 세대는 대체로 침묵의 세대였다. 자식들은 자기 마음대로 살도록 방치되었다. 감시도 없었고 교육도 없었다. "신성한 결혼생활" 세미나를 인도할 때 나는 참석한 여성들에게, 바울이 디도서 2장 4절에 말한 것처럼 남편과 자녀들을 사랑하도록 윗세대 어른들에게 배운 사람들이 있으면 손을 들어 보라고 한다. 수백 명의 여성들이 모인 자리에서도 정작 손을 드는 사람은 두세 명뿐이었다.

나도 똑같은 잘못을 범한다. 하나님이 나에게 온유한 심령을 기르도록 일깨워 오신 일을 나는 수많은 사람들에게 말하곤 한다. 어느 저서의 한 장에 걸쳐 그 주제를 다루기도 했다. 그런데 어느 날 보니 우리 아이들 중 하나가 걸핏하면 성을 내는 버릇이 있었다. 그제야 나는 내가 다른 사람들에게는 온유하기를 부탁하면서 우리 아이들에게는 미처 전수하지 않고 있음을 깨달았다. 모든 부부관계나 부모자식 관계에 풍성한 유익을 줄 수 있는 하나의 기술을 사장시키고 있었던 것이다. 다행히 그 아이가 아직 어려서 나는 다시 시작할 수 있었다.

이 저주의 침묵이 깨지기를 바란다! 하나님은 우리에게 적극적이고 주도적인 자세로 풍성한 영적인 유산을 남기라고 말씀하신다. 더 이상 움켜쥐고 있어서는 안 된다! 우리도 거저 받았으니 거저 주자.

이번 주에는 재고조사를 해 보자. 하나님이 당신에게 주신, 그래서 당신이 자녀들에게 전수할 수 있는 것들은 무엇인가? 당신의 독특한 경험과 훈련받은 것들은 무엇인가? 당신은 운동을 잘하는가? 손재주가 좋은가? 요리 실력이 뛰어난가? 정원 가꾸기의 대가인가? 예술 감각을 타고났는가? 당신은 남성과 여성, 인생의 목표, 우정, 믿음에 대하여 무엇을 배웠는가? 기도, 하나님, 예배, 전도에 대하여 배운 것은 무엇인가?

받은 것을 다 전수하려면 긴 세월이 걸리겠지만 이 계획적인 전수의 개념은 반드시 자녀 양육의 일관된 목적이 되어야 한다. 무엇이든 우리에게 있는 것을 자녀들에게 줄 기회를 찾아야 한다. 줄 수 없는 것들 때문에 속 태우지 말라. 당신에게 있는 것들을 정말 충실하게 전수한다면 지혜가 떨어지기 전에 당신의 시간이 먼저 다할 것이다.

판단을 멈추고 사랑을 시작하라
25

예수께서 대답하여 이르시되 … 너희는 육
체를 따라 판단하나 나는 아무도 판단하지
아니하노라

요한복음 8장 14~15절

캐시는 유럽으로 수학여행을 가는 딸 제이미를 따라갔다. 강박신경증을 앓고 있는 제이미는 처방약을 먹고 있었는데 그 약이 가끔 정신병적인 반응을 유발할 때가 있다. 그러잖아도 외톨이인 제이미는 그 바람에 안타깝게도 아이들 사이에서 더욱 외톨이가 되었다.

여행 중에 다른 아이들이 제이미를 무시하거나 놀리는 것을 캐시는 보았다. 제이미가 남들과 다르다는 것을 캐시도 모르는 바가 아니었다. 제이미의 걸음걸이며 자세며 목소리는 잔혹한 아이들에게 조롱의 소재가 되기에 충분했다. 딸이 따돌림과 조롱을 당하는 이유가 객관적으로 캐시에게도 보였지만 그래도 주관적으로는 그것이 상처가 되었다.

자식 때문에 정말로 창피함을 느껴 본 적이 없는 사람은 캐시가 견딘 일을 아마 상상도 못할 것이다. 캐시는 딸을 사랑했지만 딸의 행동을 보면, 그리고 강박신경증과 처방약이 딸의 체내에서 괴상한 방식으로 상호작용하는 것을 보면 좌절감이 들었다. 캐시는 긍정적인 태도를 유지하려고 했으나, 정신병적인 어려움을 겪고 있는 자녀의 증상들은 우리를 아주 지치게 만들 수 있다. 정신적으로 성치 못한 아이를 한 시간이나 하루나 일주일까지는 그래도 대할 수 있다. 그러나 잠시도 쉴 틈이 없이 계속되면 누구라도 한계 지점에 도달할 것이다. 그리고 그 상태로 몇 달, 몇 년이 지나면 우리는 더 이상 버티지 못하고 무너져 내릴 수 있다.

어느 날 캐시가 그 한계에 도달했다. 캐시는 제이미를 꾸짖는 자신의 말을 듣고서 소스라치게 놀랐다.

"어째서 너는 정상이 될 수 없니?"

오랫동안 그 말이 허공을 맴돌았다. 자신의 행동이 캐시에게 충격과 슬픔과 아픔으로 다가왔다. '정상'이 아니라는 이유로 자신도 아이들과 똑같이 제이미를 비난했다는 것을 캐시는 깨달았다.

우리도 다 그래 본 적이 있다. 실제로 우리의 좌절을 자녀에게 말로 표현했든 안 했든 분명히 우리들 중 대다수는 적어도 그런 생각으로 괴로워해 본 적이 있을 것이다. 우리는 이기적인 죄인인지라 '완전한' 자녀를 간절히 원하거나 어느 때는 기대하기까지 하지만 하나님은 이 타락한 세상에서 우리에게 '완전한' 자녀를 주시지 않는다. 설령 주신다 해도 불완전한 부모인 우리가 금세 그들을 망쳐 놓을 것이다.

중학교 3학년 때의 그 수학여행 이후 제이미도 먼 길을 왔지만 캐시가 온 길은 더 멀다. 그녀는 이렇게 솔직히 털어놓는다.

> 내 인생의 아주 암울하던 그 시기에 내가 배운 것이 있다. 내가 제이미를 진정으로 사랑할 수 있기 위하여 벗겨져야 할 것은 바로 나의 수치심과 옹졸함이었다. 나는 유럽 여행 때의 그 비열한 여학생들보다 나을 것이 없었다. 어떤 때는 나도 딸의 입장과 아픔을 보려 하지 않았다. 남들이 어떻게 생각할까 걱정하느라고 너무 바빴던 것이다. 나는 마음속으로일망정 딸을 비하하기도 했다. 나는 판단을 멈추고 사랑을 시작해야 했다. … 내 행동의 흉측한 면을 직시하고 고백하고 변화를 위하여 기도해야 했다. 망가져서 고침받아야 할 사람은 제이미가 아니라 나임을 깨우쳐야 했다.

나는 판단을 멈추고 사랑을 시작해야 했다. … 망가져서 고침 받아야 할 사람은 제이미가 아니라 나임을 깨달았다.

이는 캐시가 우리에게 주는 소중한 진리의 응어리다. 너무나도 주목받지 못하는 자녀 양육의 일면을 캐시는 알고 있다. 배우자는 우리가 고르지만 자녀는(입양을 제외하고는) 우리가 고르지 못한다. 자녀는 하나님이 주시는 대로 오며 온갖 문제도 딸려 온다. 우리가 할 일은 자녀들의 모습을 판단하는 것이 아니라 있는 모습 그대로를 사랑하는 것이다.

당신의 자녀는 강박신경증은 없을지 모르지만 성질부리는 버릇, 늘 지저분한 방, 듣고 싶은 말만 골라서 듣는 습관, 가끔 하는 반항적인 태도는 분명히 있을 것이다. 이런 단점들 때문에 우리는 창피하고 속상할 수 있다. 자녀들이 당하고 있는 일보다 우리가 겪고 있는 일에 더 비중을 두고 싶어질 수도 있다. 바로 그때 우리는 사랑을 멈추고 판단을 시작하는 경향이 있다.

내 경우에 이것은 다음 사실로 귀결된다. 때때로 나는 죄인들의 부모 노릇을 하기가 지겨워진다. 하지만 모든 아이들은 죄인이다! 그래서 모든 아이들은 힘든 도전들을 통하여 우리를 넓혀 주고 자라게 하며 하나님의 계획대로 우리에게 사랑하는 법을 가르쳐 준다.

아이 때문에 너무나 창피하고 속상하다는 생각, 아이가 당신을 끝없이 시험하고 있다는 생각이 들려고 할 때마다 심호흡을 한 번 하고 이렇게 기도해 보라.

"하나님, 제가 이 상황에서 아이를 어떻게 사랑하기를 원하십니까? 아이에게 가장 필요한 것은 무엇입니까? 제가 아이를 이해하지 못하는 부분, 그래서 사랑하기보다 판단하게 되는 부분은 무엇입니까?"

하나님이 우리 모두에게 은혜를 주셔서 우리가 사랑하기를 결심한 캐시를 더 닮게 되고 판단에 열심을 낸 바리새인들을 덜 닮게 되기를 기도한다.

주의 교양과 훈계로 양육하라
26

아비들아 너희 자녀를 노엽게 하지 말고 오직
주의 교훈과 훈계로 양육하라

에베소서 6장 4절

《고독한 아빠 자랑스런 아버지》(열린책들)에서 빌 코스비는 자녀 양육이 부모를 분노로 몰아갈 수 있다고 말한다. 그는 자기가 어머니를 하도 못살게 굴어서 어머니가 격노하여 자기 이름까지 잊어버리곤 했던 일을 회고한다.

"이 녀석, 이리 와 봐라, 어, 버니 … 어, 어, 비프 … 빌! 나를 속일

생각일랑 아예 마라. 누가 그랬는지 내가 꼭 알아내서는 작대기로 골을 부수어 놓고 말 테다!'

"파란만장했던 나의 소년시절 내내 나는 송아지들의 골을 구해서 주머니에 넣고 다니고 싶었다."

빌의 회고는 이어진다.

"그러면 어머니가 내 머리를 때릴 때 나는 바닥에 그 골을 던지면 될 것이 아닌가. 그러나 어머니를 알기에 하는 말이지만 어머니는 그저 이렇게 말하고 말았을 것이다. '아이쿠! 이 녀석아. 말이 그렇지. 내가 가슴이 철렁했다. 다시는 그런 짓 하지 마라.'"[42]

계속해서 빌은 집안에 싸움이 날 때 마땅히 먼저 해결에 나서야 할 사람은 아버지인 자기라고 시인한 다음 이렇게 털어놓았다.

"그렇다. 나는 솔로몬이 되지 못했다. 아마 내가 노아처럼 바다에서 길을 잃은 심정이라서 그랬을 것이다. 하지만 사실을 말하자면 부모들은 옳은 것에 별로 관심이 없다. 조용한 것을 원할 뿐이다."

이것은 정말 큰 유혹이지 않은가? 자녀 양육은 많은 시간과 에너지와 기도와 생각을 요한다. 허나 대개의 경우 우리는 그저 방해받고 싶지 않을 뿐이다. 때로는 아무런 귀찮은 일 없이 그냥 하루를 보내는 것이 우리의 최고의 목표일 수도 있다. 바로 그것이 문제다. 수시로 귀찮은 일 없이 죄인들을 키울 수는 없다. 훈계는 더 말할 것도 없다. 모든 싸움은 교육의 기회, 살아 있는 인간을 훈육할 기회가 된다.

하지만 빌 코스비의 말처럼 때로 우리는 옳은 것에 별로 관심이 없다. 조용한 것을 원할 뿐이다.

나는 옳은 것을 원하는가, 아니면 조용한 것을 원하는가? 부모라면 누구나 경험하는 딜레마다. 거기에 대한 대답에 따라서 우리가 아이들의 건방진 말대꾸를 지적할 것인지, 아니면 지금은 입씨름이 싫으니 어물쩍 넘어갈 것인지가 결정된다. 자녀가 유난히 언짢아 하거나 우울한 이유를 우리가 알아 볼 것인지, 아니면 귀찮게 하지 않는 것만으로도 감사할 것인지, 그것도 그 대답에 따라 결정된다.

조용한 것이 물론 좋지만 우리 그리스도인 부모들에게는 더 높은 사명이 있다. 사도 바울은 아버지들에게 직접 말하는 경우가 드물지만 그가 유독 그랬던 두 대목을 보라. 그리고 공통점을 찾아 보라.

> "또 아비들아, 너희 자녀를 노엽게 하지 말고 오직 주의 교훈과 훈계로 양육하라"(엡 6:4).
>
> "아비들아, 너희 자녀를 노엽게 하지 말지니 낙심할까 함이라"(골 3:21).

바울은 자녀를 노엽게 하지 말라는 것과 주의 교양과 훈계로 참을성 있게 양육하는 것을 왜 병치하고 있을까? 자녀들을 격노케 또는 낙심케 하지 말라고 왜 특별히 아버지들에게 경고하는 것일까?

빌 코스비의 말이 맞는지도 모른다. 어쩌면 아버지들은 자녀의 불순종이 위험 수위에 도달할 때까지 평상시의 교육이나 훈계를 무시하는 경향이 있다. 막판에 가서야 쌓이고 쌓인 좌절감을 연료로 삼아 언어의 핵폭탄을 투하하는 것이다. 일상생활의 현실 속에서 서서히 일관성 있게 훈계하는 것이 아니라 계속 못 본 척하다가 급기야 더 이상 참지 못하게 되면 그때 폭발한다. 인내의 훈계가 없는 곳에는 언어의 폭발이 난무하게 된다. 하지만 고함은 아이들에게 먹혀들지 않는다. 단언컨대 아이들은 부모의 고함을 듣고서

"와, 이번에는 정말 중요한가 보다!"

라고 말하지 않는다. 오히려 이렇게 생각한다.

"뭐야, 아침부터 왜 성질을 부리시는 거야!"

지금까지 연달아 몇 주 동안 똑같은 행동을 보고도 그냥 지나쳐 온 우리가 아니던가. 그러니 아이들이 자기들의 행동이 아닌 우리의 성질을 문제로 지목하는 것은 당연한 일이다.

이것은 도전이다. 방해받지 않고 조용히 있는 것이 우리의 목표인 한 우리는 자녀의 성품이 비뚤어지고 있다는 초기의 경고 신호들을 무시하고 싶어질 것이다. 어쩌면 아이들의 성격적인 결함이 저절로 없어지기를 바랄지도 모른다. 신경을 쓸 만큼 심각한 문제가 아니라고 생각할 수도 있다. 그러다 문제가 위험 수위로까지 진행되면 우리의 반응은 우려보다는 짜증이 주를 이룬다. 옳은 것이 동기가 되지 않

고 귀찮게 방해하는 데 대한 분노가 동기가 되는 것이다.

물론 그런 반응은 자녀들을 더 혼란과 낙심에 빠뜨릴 뿐이다. 거기서 생겨나는 분위기는 변화와 구속(救贖)의 분위기가 아니라 오히려 분노 폭발, 방어적인 자세, 끓어오르는 원한을 부추길 뿐이다.

바울은 우리를 훨씬 고결한 길로 부른다. 우리는 잘못되고 있는 일을 무시하지 않고 지속적인 주의 교양과 훈계로 바빠야 한다. 아이들은 저절로 거룩하게 자라지 않는다는 것을 우리는 안다. 아이들도 우리와 똑같은 죄성을 물려받았다. 아이들이 태어날 때부터 올바른 교리를 아는 것이 아니며, 성령 하나님과 동행하는 법을 배워야만 한다는 것도 우리는 안다. 이러한 교육은 시간과 단호한 노력을 요한다. 그리고 '편리한' 적이 거의 없다. 아이들은 우리가 가장 피곤하고 가장 바쁘고 다른 것에 몰두해 있을 때 일을 저지르는 경향이 있다.

여기서 중요한 것은 동기다. 우리의 가정에서 추구하는 것은 무엇인가? 옳은 것인가, 조용한 것인가? 성숙인가, 무조건 얌전한 것인가? 훈련되고 훈육된 그리스도인 일꾼들인가, 아니면 부모의 심기를 건드리지 않고 갈 데까지 가는 법을 터득한 죄인들인가? 자녀 양육은 높고 고결한 목표를 위하여 평소에 늘 불편을 감수하는 과정이다.

이번 주에는 행여 당신이 "조용하기만 하면 다 괜찮다"는 고정관념에 빠져 있지는 않은지 자문해 보라. 우리는 자녀를 교육하고 훈련해야 한다. 훈련이란 때때로 고통스럽고 이따금씩 요란하며, 대개는 귀찮으나 언제나 거룩한 목적이 있다.

  속이 상할 대로 상하여 엉뚱한 동기와 매너로 반응하게 될 때까지 잠재적인 심각한 문제들을 어물쩍 방치하지 않기로 우리의 노력과 각오를 갑절로 다지자.

신중하게 가꿔진 행동원리로 사랑하라
27

사랑하는 자들아 우리가 서로 사랑하자 사랑은 하나님께 속한 것이니 사랑하는 자마다 하나님으로부터 나서 하나님을 알고 사랑하지 아니하는 자는 하나님을 알지 못하나니 이는 하나님은 사랑이심이라 … 사랑하는 자들아 하나님이 이같이 우리를 사랑하셨은즉 우리도 서로 사랑하는 것이 마땅하도다 어느 때나 하나님을 본 사람이 없으되 만일 우리가 서로 사랑하면 하나님이 우리 안에 거하시고 그의 사랑이 우리 안에 온전히 이루어지느니라

요한일서 4장 7~8, 11~12절

진정한 그리스도인 가정의 표징은 무엇인가? 우리의 자동차가 일요일 아침마다 집에서 교회로 향한다는 사실인가? 집에 성경책이 있고 벽에 몇 점의 성화가 걸려 있다는 사실인가? 식사 전과 잠자기 전

에 기도한다는 사실인가?

이 질문에 간접적으로 답해 보고자 한다. 나는 위대한 기독교 고전을 즐겨 읽는다. 고전 작가들의 말이 시대에 상관 없이 거의 일치되는 것을 볼 때면 성령 하나님께서 각기 다른 두 시대의 각기 다른 두 개인을 통하여 진리를 계시하신다는 느낌이 든다. 그리고 '두세 사람의 증거'는 한 사람의 창의적인 말보다 더 설득력을 띤다.

앤드류 머레이라면 그리스도인 가정의 참된 표징은 '사랑'이라고 말할 것이다.

"가정을 성별해 주는 것은 자녀들 위에 머무는 예수님의 사랑의 빛, 부모들 안에 거하는 그분의 사랑의 능력, 그리고 그분을 사랑하는 일이 된 자녀 양육이다."[43]

그는 부모들에게 이렇게 권면한다.

> "사랑의 원칙을 지키려 노력하라. 단지 본성적인 부모의 사랑이 아니라 당신의 가정생활에 신중하게 가꾸어진 행동 원리로서의 사랑이다. 그러면 자녀들이 이 사랑의 정신을 감지하고는 당신의 조력자가 되어 가정을 사랑의 반사체로 만들어 갈 것이다. 하늘 아버지는 바로 그것을 위하여 그분의 자녀들을 인도하시고 훈련하신다."[44]

이제 위에 인용한 말을 찰스 스펄전의 말과 비교해 보라.

그리스도의 양들을 가르치기 위한 최선의 준비는 사랑, 즉 예수님을 향한 사랑과 그들을 향한 사랑이다. … 사랑이 없는 곳에는 생명도 없다. … 우리는 사랑을 전하고 가르친다. 우리의 주제는 그리스도 예수 안에 있는 하나님의 사랑이다. 먼저 우리 안에 사랑이 없고서야 어찌 그것을 가르칠 수 있겠는가? 우리의 목표는 우리가 가르치는 사람들의 마음속에 사랑을 창출하는 것이고 이미 사랑이 존재하는 곳에는 더 북돋우는 것이다. 하지만 먼저 우리의 마음속에 사랑이 불붙지 않고서야 어찌 그 불을 전할 수 있겠는가? 손이 젖어서 세속성과 무관심의 물방울이 뚝뚝 떨어지는 사람, 그리하여 아이의 마음에 화염이 아니라 물동이 역할을 하는 사람이 어찌 이 불꽃을 더 키울 수 있겠는가?

이 양떼들은 그리스도의 사랑 안에 살고 있다. … 그들은 사랑 안에서 택함을 입어 사랑 안에서 구속(救贖)을 받았다. 그들은 사랑 안에서 부름받고 사랑 안에서 씻음받고 사랑의 꼴을 먹고 있다. 천국의 언덕에 펼쳐진 푸른 초장에 이르는 그날까지 그들은 사랑으로 보호받을 것이다. 사랑하는 영혼들의 유익을 위한 뜨거운 애정이 우리의 영혼에 충만하지 않는 한 당신과 나는 하나님의 사랑이라는 거대한 탱크에서 기어가 풀리고 말 것이다.[45]

머레이도 스펄전도 사랑을 그리스도인 가정의 특징으로 꼽고 있다. 우리는 하나님의 사랑을 받아 누리며, 그 사랑 안에서 살아가며, 그 사랑을 자녀들에게 전수해야 한다. 우리는 하나님과 다른 사람들을 사랑하도록 가르쳐야 한다. 우리는 사랑 안에서 태어나 사랑으로 구속함을 입고 사랑으로 부름받는다.

우리의 일차적인 동기, 삶의 원칙, 가정의 지배 원리가 사랑임을 우리의 자녀들이 보게 되기를 바란다. 아이들은 그 사랑 안에서 하나님 나라의 길을 보게 되고 자신들도 이 사랑을 알고자 힘쓰게 되기 때문이다.

이번 주에는 당신 가정의 사랑 수위가 얼마나 되는지 생각해 보라. 벽의 색깔, 소파의 사용 햇수, 집의 평수, 마당의 넓이보다 더 중요한 것이 부모 마음속에 있는 사랑의 분량이다. 잊지 말라! 이것은 단지 본성적인 부모의 사랑이 아니라 '당신의 가정생활에 신중하게 가꾸어진 행동 원리로서의 사랑'이다. 당신의 자녀들은 사랑을 집안의 주요 원리, 핵심 요소, 지배적인 분위기로 보게 될 것인가?

자녀를 통해 성품을 개발하라
28

늙은이를 꾸짖지 말고 권하되 아버지에게 하듯 하며 젊은이에게는 형제에게 하듯 하고 늙은 여자에게는 어머니에게 하듯 하며 젊은 여자에게는 온전히 깨끗함으로 자매에게 하듯 하라

디모데전서 5장 1~2절

우리 아이는 나에게 예정론이나 화체설이나 헬라어의 어미변화를 가르쳐 주지는 않았다. 그러나 그 아이는 나의 성품을 길러 주는 신학교가 되었고 그 일은 지금도 계속되고 있다.

바울은 하나님이 가정생활을 사용하여 우리를 사역에 준비시켜 주신다고 말한다. 청년 디모데에게 말할 때 바울은 가족관계를 들어 역설하고 있다.

"늙은이를 꾸짖지 말고 권하되 아버지에게 하듯 하며 젊은이에게는 형제에게 하듯 하고 늙은 여자에게는 어머니에게 하듯 하며 젊은 여자에게는 온전히 깨끗함으로 자매에게 하듯 하라"(딤전 5:1~2).

바울의 말은 디모데가 자신의 가정생활을 사역의 모델로 삼아야 한다는 말이나 다를 바 없다. 물론 바울 자신도 이런 사고 노선을 따라 살았다. 실제로는 자녀가 없었지만 바울은 자신의 사역을 논할 때 자녀 양육의 비유를 즐겨 사용했다. 자신이 돌보는 사람들을 향한 그의 태도가 잘 표현된 말들이다.

"내가 너희를 부끄럽게 하려고 이것을 쓰는 것이 아니라 오직 너희를 내 사랑하는 자녀 같이 권하려 하는 것이라"(고전 4:14).

"내가 자녀에게 말하듯 하노니 보답하는 것으로 너희도 마음을 넓히라"(고후 6:13).

"나의 자녀들아 너희 속에 그리스도의 형상을 이루기까지 다시 너희를 위하여 해산하는 수고를 하노니"(갈 4:19).

"우리는 그리스도의 사도로서 마땅히 권위를 주장할 수 있으나 도리어 너희 가운데서 유순한 자가 되어 유모가 자기 자녀를 기름과 같이 하였으니"(살전 2:7).

사도 요한도 동일한 태도를 보였다. 다른 사람들의 목자로 부름받은 사람은 부모와 같은 성숙한 마음가짐을 가져야 한다는 것이다.

"자녀들아 이제 그 예수의 안에 거하라"(요일 2:28).
"내가 내 자녀들이 진리 안에서 행한다 함을 듣는 것보다 더 기쁜 일이 없도다"(요삼 4).

자녀와의 관계는 다른 사람들과의 관계에서도 유익한 성숙함으로 우리를 준비시켜 준다. 그 긍정적인 영향력은 많은 사람들이 알고 있다. 가수 수잔나 호프스는 여성 록 밴드 뱅글스에서 활동했다. 이 밴드는 1980년대 많은 인기를 누리다가 멤버들이 가정을 갖게 되면서 해체되었다. 이들은 거의 10년이 지나 재결합했는데 호프스는 어느 기자와의 인터뷰에서 자식들을 낳아 길러본 후에 밴드에 속한 기분이 전과 많이 달라졌다고 말했다. 자녀 양육을 통하여 밴드 멤버들을 더 원만하게 대하는 소양을 갖추게 되었던 것이다.

"어떤 멤버가 신경이 날카로워져서 리허설 스튜디오에 들어서면 내 입에서 '저런, 배가 고픈 거야, 아니면 피곤한 거야? 낮잠을 좀 자면 좋겠어? 카푸치노 한 잔 어때?' 하는 말들이 나오지요."[46]

여배우이자 작가인 캐리 피셔는 "내가 아는 사랑은 엄마가 되고 나서 배운 것"[47]이라고 말했다. 또 헐리우드 배우 주드 로는 이렇게 고백한다.

"열두 시까지 침대에서 뒹굴뒹굴하는 것이 남자라고 생각하는 사람도 자식들을 돌보려면 애써 일곱 시에 일어나야 한다. 당신을 남자가 되게 해 주는 것이 있다면 그것은 한 살짜리 딸아이로 인하여 당신의 의지가 꺾이는 것이다."[48]

다음 번에 아기를 안거든 그 아기를 몸무게 3.5킬로그램의 신학교 교수로 생각하라. 그 아이는 당신에게 인내심, 섬김, 사심 없는 마음, 커뮤니케이션, 경청의 기술을 가르쳐 줄 것이다. 모두 당신이 하나님의 교회를 섬기는 데 필요한 성품들이다. 자녀 양육에 임할 때 우리는 내 쪽에서 가르쳐 줄 교훈들뿐 아니라 내가 배워야 할 교훈들도 있음을 생각해야 한다. 그러면 하나님이 그 과정을 쓰셔서 우리를 그분의 나라에 보다 유용한 일꾼들로 만드신다.

당신이 하나님과 협력하여 힘써야 할 목표는 이것이다. 즉 오늘 하나님이 당신에게 가르쳐 주시려는 것은 무엇인가? 침 흘리는 아기, 호기심 많은 걸음마쟁이, 시무룩한 십대 아이와의 상호작용을 통하여 하나님이 당신 안에 빚고 계시는 성품은 무엇인가? 하나님은 앞으로 당신이 어떤 부류의 사람들에게 다가가 섬기도록 지금 당신을 준비시키시는 중인가?

애정을 가지고 진리를 말하라
29

네가 선을 행하면 어찌 낯을 들지 못하겠느냐 선을 행하지 아니하면 죄가 문에 엎드려 있느니라 죄가 너를 원하나 너는 죄를 다스릴지니라

창세기 4장 7절

나는 우리 아이들을 격려해 주는 것을 좋아한다. 나는 그들에게서 늘 칭찬하고 높여 줄 만한 긍정적인 자질들과 결정 사항들을 찾는다. 우리 아이들은 나한테서 "사랑한다", "네가 자랑스럽다"는 말을 질리도록 듣고 있는지도 모른다. 하지만 아이들이 그런 말을 한 번도 듣지 못하는 것보다는 차라리 질리는 편이 좋다.

그러나 그것이 다는 아니다.

그리스도인 부모가 되려면 아이들에게 그들이 괜찮지 못하다는 사실도 말해 주어야만 한다. 사실 그들은 죄인이다. 예수님이 아니라면 어떤 어른 못지않게 죄와 허물로 죽어 있는 자들이다(엡 2:1). 적당히 넘어가는 법이 없는 찰스 스펄전은 이와 관련하여 우리의 감상적인 생각들을 날려 버린다.

"자녀들의 철저한 타락과 영적인 죽음을 아주 분명히 인식하지 않는 한 당신은 그들에게 복이 되어 줄 수 없다."[49]

스펄전은 여기에 대하여 할 말이 아주 많았다.

> 당신이 자녀에게 예수님의 필요성을 가르치는 일은 '십자가의 교리'로 말미암아 필연이 된다. 당신은 이 필연적인 일에서 뒤로 물러나서는 안 된다. 아이의 천성이 착하니 잘 개발만 되면 된다는 식의 기만적인 허튼소리로 아이를 추켜세우지 말라. 아이에게 거듭나야 한다고 말해 주라. 자신이 순수하다는 생각으로 아이에게 바람을 넣지 말라. 아이의 죄를 보여 주라. 아이가 쉽게 범하는 유치한 죄들을 말해 주라. 아이의 마음과 양심 속에 죄를 깨우쳐 달라고 성령께 기도하라. 젊은 사람을 대할 때도 나이든 사람을 대할 때와 똑같이 하라. 적당히 넘어가지 말고 솔직하게 대하라. 얄팍한 종교는 젊은 사람에게나 나이든 사람에게나 도

움이 되지 않는다. 우리 모두와 마찬가지로 아이들에게도 보혈을 통한 용서가 반드시 필요하다.[50]

우리 자녀들이 난리를 치고 싸우고 건방지게 말대꾸하는 데에는 이유가 있다. 악하고 고집스런 마음을 가지고 태어났기 때문이다. 그들이 이기적이고 참지 못하고 때로 복수를 벼르는 데에는 이유가 있다. 부모에게서 죄성을 물려받았기 때문이다. 그래서 그들에게도 변화를 가져다 주실 예수님이 필요하다.

내가 만일 긍정적인 의미에서 그들의 자존감에만 치중한다면 그들은 예수님의 필요성을 영영 깨닫지 못할지도 모른다. 스펄전은 이렇게 경고한다.

"아이의 타락한 상태를 주저하지 말고 말해 주라. 그렇지 않으면 아이는 구원을 사모하지 않을 것이다. 죄의 형벌에 대해서도 말해 주고 그 두려움을 경고해 주라. 애정으로 대하되 진실해야 한다. 아무리 끔찍한 진리라 해도 어린 죄인에게 진리를 감추어서는 안 된다."[51]

"애정으로 대하되 진실해야 한다"는 말이 나는 특히 좋다. 우리 중에는 진실에만 초점을 맞추어 애정과는 거리가 먼 사람들이 있다. 사랑 없는 진리는 삼키기가 아주 어렵기 때문에 아이들은 우리의 말을 건성으로 듣는다. 반대로 애정에만 너무 치중하여 진실하지 못한 사람들도 있다. 그러나 그렇게 아이들에게 필요한 정보를 일부분만 줌으로써 아이들에게 피해를 입힌다. 스펄전은 우리에게 애정과 진실을 둘 다 권면한다.

죄의 결과를 명백히 말해야 할 필요성을 지적하면서 스펄전은 한 아버지를 칭찬했다. 그 아버지는 불시의 죽음을 당한 맏아들을 두고 그가 영벌(永罰)을 받았다고 선포하다시피 했다.

> 그렇게 말할 사람들도 있겠지만 그 아버지는 가족들에게 "우리는 너희 형이 천국에 갔기를 바란다"고 말하지 않았다. 대신 그는 고통과 슬픔의 본능적인 감정들을 정리한 후에 하나님의 은혜를 구하며 다른 자녀들을 모아 놓고 이렇게 말했다. "사랑하는 아들딸들아, 너희 형 너희 오라비는 죽었다. 아무래도 지옥에 갔을 것 같다. 그의 삶과 행실을 너희도 안다. 그의 행동거지가 어떠한지 너희도 보았다. 이번에 하나님이 그를 죄 중에 거두어 가셨다." 그리고 그는 맏아들이 갔을 그 저주의 처소에 대하여 자기가 아는 대로 분명하고 엄숙하게 말하면서, 너희들은 부디 그곳을 피하고 임박한 진노를 면하라고 간곡히 타일렀다.[52]

이 이야기가 섬뜩하게 들릴 수도 있겠지만 그러나 애정과 진리가 함께 있어야 함을 기억하라. 스펄전은 이렇게 썼다.

"다른 사람들처럼 그도 솔직한 의중을 감추고 애정의 마음으로만 행동했다면 그는 아들이 천국에 갔기를 바란다고 말했을 것이다. 그 랬다면 다른 자녀들이 어떻게 생각했겠는가? '우리 형이 천국에 갔다면 우리도 두려워할 필요가 없다. 우리 마음대로 살아도 된다'고 생각했을 것이다."[53]

나는 우리 아이들이 예수 그리스도 안에 있는 약속을 보기 원한다. 그러나 그분 없이는 멸망할 수밖에 없는 자신들의 실상도 아주 분명히 알기를 원한다. 그분을 떠나서는 소망이 없다. 태어날 때부터 가지고 나온 저속한 욕망들과 반항심에 대하여 그들 스스로 궁극적인 승리를 얻을 가망성은 전혀 없다.

하나님이 가인에게 하신 말씀을 나도 자녀들에게 말해 주어야 할 사명이 있다.

"죄가 (너의) 문에 엎드려 있느니라 죄가 너를 원하나 너는 죄를 다스릴지니라"(창 4:7).

이 경고를 받고도 가인이 이후에 아벨을 살해한 일로 보나 신약성경의 가르침으로 보나 우리는 스스로의 힘으로 죄를 다스릴 수 있는 자가 없음을 안다. 그러나 자신의 죄를 고백하고 절망적인 상태를 인정하고 하나님의 은혜에 의지하는 사람들에게는 성령께서 구속과 능력을 주신다.

우리는 자존감을 길러 주는 일의 중요성에 관한 글들을 많이 접하게 된다. 그것도 나름대로 중요하지만, 그것 때문에 자녀들에게 구주의 절실한 필요성을 설명해 주는 일을 놓쳐서는 안 된다. 우리는 자녀들을 애정으로 대해야 하지만 동시에 진리를 말해 주어야 한다.

다음 이레 동안은 자녀를 대하는 당신의 위치가 어디인지 생각해 보라. 당신은 애정 없이 진실을 말하여 자녀들을 오히려 밀쳐내는 쪽인가? 아니면 애정이 넘쳐서 늘 자녀들을 격려해 주지만 진실을 말해 주지 않아 그들의 영혼을 위험에 빠뜨리는 쪽인가?

둘이 힘을 합해 자녀를 양육하라
30

손자는 노인의 면류관이요
아비는 자식의 영화니라
잠언 17장 6절

"우리 부부는 이제 더 이상 아무런 공통점이 없어요."
"공통점이 없다니요? 두 자녀가 있는 줄 알았는데?"
"그야, 그것 말고요."
나는 고함이 터져 나오려는 것을 가까스로 참았다.
"그것 말고?"

두 자녀를 기르는 것보다 더 중요하고 더 의미 있고 희생의 가치가 있는 일이 무엇이란 말인가? 그것 말고 무엇이 더 필요하단 말인가?

진심으로 하는 말이다. 내 평생에 할 일들 중에 창조주 하나님의 형상을 지닌, 하나님 나라의 장래 일꾼들, 영원히 죽지 않을 최후의 통치자들을 기르는 것보다 더 의미 있는 일이 무엇이겠는가? 두 사람 사이에 자녀 양육이라는 이 결속에 능히 필적할 만한 공통점이 과연 무엇이 있겠는가? 부부 중의 하나는 야영을 좋아하고 하나는 호텔 숙박을 좋아하는 것, 하나는 섹스를 일주일에 하룻밤만 원하는데 하나는 이틀이나 사흘 밤씩 원하는 것, 하나는 공원을 많이 산책하고 싶은데 하나는 주로 집에 틀어박혀 지내는 것, 이런 차이점들이 그 공통점에 필적할 수 있단 말인가?

그런 것들을 전부 합해도 자녀를 기르는 공동의 노력에 비하면 아무것도 아니다. 자녀를 기르는 것은 하나님께서 우리에게 주신 값진 면류관이다. 그들도 장차 자녀를 낳아서 기를 것이다. 인생이 끝날 때에는 우리가 저녁식사로 무엇을 먹었으며 금요일 밤을 어떻게 보냈는가보다 그것이 훨씬 더 중요할 것이다.

부부가 가정을 깨뜨려 놓고는 '우리는 더 이상 아무런 공통점이 없어서'라고 말한다면 그것은 우선순위가 심각하게 잘못된 것이다.

사실 적극적인 자녀 양육은 부부관계에 묘약이 될 수 있다. 그것은 공통된 과업, 참된 우정, 공동의 도전을 가져다 주어 두 마음을 하나로 묶어 준다. 골프를 치는 사람들은 왜 그들끼리 어울리는 것을 좋아할까? 특정한 홀들에 대하여 이야기할 수 있고"(18번 홀에서는 페어웨이 오른쪽으로 붙어야지 그렇지 않으면 절대로 두 타 만에 공을 그린에 올려놓을 수 없다네") 골프를 즐기는 공통된 마음을 나눌 수 있기 때문이다. 독서 모임들은 특정한 장르의 소설이나 좋아하는 저자들에 대한 애호를 중심으로 모인다.

그러나 그것들은 취미일 뿐이다. 두 사람이 성의를 다하여 한 인간을 기르는 일에 비하면 그 중량감이 절반에도 못 미친다. 관건은 이것이다. 즉 "우리는 더 이상 아무런 공통점도 없다"고 말하는 부부들은 자기들이 적극적으로 함께 자녀를 기르고 있지 않다는 사실을 드러내는 것이다. 그들은 자녀들과 함께 살고 있을지는 모르나 목적을 두고 그들을 교양과 훈계로 양육하고 있지는 않았던 것이다. 그렇지 않고서야 그런 말을 입 밖에 낼 생각조차 못 할 것이다.

오늘 아침에 우리 아이들이 언쟁을 벌였다. 리자가 먼저 해결에 나섰으나 그 후에도 언쟁은 여전히 사납기만 했다. 아내는 나의 사무실로 내려와 상황을 설명한 후에 나더러 한 번 가보라고 했다. 나는 그 아이들을 함께 앉힌 다음 다툼과 싸움이 우리 마음의 죄의 발로라고 한 야고보서 4장을 함께 읽었다. 그리고 각 아이에게 자기의 어떤 죄가 이 싸움을 부채질하고 있는지 물었다. 둘 다 자기의 죄를 찾아냈다. 곧 두 아이는 방으로 돌아가 야고보서 4장을 가지고 기도하면서 상황의 해결을 모색했다.

이상적으로라면 그것으로 문제가 해결되었을 것이다. 그러나 나의 '감화력 있는' 묵상을 듣고도 아이들은 10분 후에 다시 붙었다(나의 설교 실력을 알 만하다!). 다음 훈계는 리자가 맡았다. 그렇게 우리는 한 팀이 되어서 교대로 그날 아침을 풀어나갔다.

물론 결혼생활은 자녀 양육 그 이상이다. 그러나 진지한 기도와 에너지를 사용하고, 적극적인 노력과 수많은 대화 시간을 투자한다면, 자녀 양육이란 필연적으로 부부의 두 마음을 하나로 묶어 줄 정도로 의미심장한 일이다. 이런 노력에서 싹트는 부부의 충절과 우정은 어떤 일시적인 매력보다도 더 깊고 훨씬 오래간다. 함께 자녀를 양육하는 일을 통해 아내와 나는 평생 지속될 진정한 우정의 기초를 다지고 있다. 우리의 추억은 말로 다할 수 없을 정도로 많다. 둘 중 하나가 약해지거나 흔들릴 때면 다른 하나의 지원을 받는 영광도 얻을 수 있다. 우리는 우리보다 젊은 세 명의 인간과 지속적인 관계를 맺고 있는데, 그들은 사랑이신 하나님이 사랑의 행위를 통하여 창조하신 존재이며, 그들을 기르는 부모인 우리는 그들을 통해 서로를 향한 사랑이 날로 자라고 있다. 그 어떤 다른 사랑이 여기에 필적하기를 감히 꿈꿀 수 있겠는가?

자녀를 둔 당신이 혹시라도 '공통점이 더 많은' 상대를 찾아 배우자를 떠날 생각이라면 알아야 할 것이다. 하나님이 주신 자녀들을 사랑하고 양육하는 것은 하나님이 명하신 일인데 당신은 그 일보다도 여가 활동, 근사한 외식, 옛 영화, 기타 갖가지 비교적 중요하지 않은 취향들을 말 그대로 더 우선시하는 것이다.

당신의 부부관계가 단지 매력에 기초한 것이라면 누군가 더 매력 있는 사람이 나타나는 순간 그것은 위험에 처할 것이다. 당신의 결혼 생활이 그저 함께 재미있게 지내는 것이라면 더 즐겁고 재미있는 사람을 만나면 그것은 시들기 시작할 것이다. 그러나 당신의 결혼생활이 하나님의 영광을 위하여 자녀를 기르는 것이라면 당신의 부부관계는 이혼 예방이 보장된 것이다. 결혼생활은 분명히 자녀 양육 그 이상이지만, 자녀 양육만으로도 부부를 결속시키기에 충분하다. 그것은 영광스러운 소명이다. 우리는 그 일을 감당할 자격이 없다. 그러나 선하신 하나님이 그 일을 우리에게 맡기셨고 그분의 도우심으로 우리는 끝까지 그 일에 헌신할 수 있다.

아무런 공통점이 없다고? 그리스도 안에서 부모된 부부는 그런 생각을 해서는 안 된다.

집에 잠시 들르는 사람이 되지 말라
31

가산이 적어도 여호와를 경외하는 것이 크게
부하고 번뇌하는 것보다 나으니라

잠언 15장 16절

　PGA 프로 골프 선수였던 브랜들 챔블리는 마흔한 번째 생일을 맞은 직후에 갈림길에 봉착했다. 대부분의 프로 골프 선수들처럼 그도 한 해의 절반은 집 밖에서 살았고 그의 부재는 자녀들에게 상처가 되었다.

　"아빠, 아빠는 골프가 좋아요?"

하루는 그의 아들 브랜들 주니어가 물었다대개들 그를 '리틀 B'라고 부른다.

"그럼, 아주 좋아하지."

브랜들이 대답했다.

"왜요?"

리틀 B가 물었다.

"골프 때문에 우리랑 같이 있지 못하잖아요."[54]

4백만 달러도 넘는 아버지의 연봉에 월마트 크기의 놀이터를 비롯한 적잖은 특전이 함께 따라오고 있음을 리틀 B는 몰랐다. 브랜들은 이렇게 말했다.

"내 친구 앤드류 매기가 하는 말이 우주에서 보이는 인공물은 만리장성과 우리 집의 놀이터 둘뿐이라고 합디다."

그러나 모터 달린 자동차 트랙과 터널과 미끄럼틀과 수영장과 퍼팅 그린을 고루 갖춘 그 놀이터도 아버지의 존재에 견줄 수는 없었다.

어느 날 브랜들은 리틀 B가 보이스카웃에서 탈 보트를 만드는 것을 도와주었다. 그런데 리틀 B가 다음날 있을 보트 경주에 대하여 신나게 이야기하고 있는데 브랜들이 이런 말로 찬물을 끼얹었다.

"미안하다, B야. 네가 내일 학교에서 돌아오면 아빠는 집에 없을 거야. 골프 시합이 있거든."

"그래요?" 리틀 B가 대답했다.

"들러 주셔서 고맙습니다."[55]

내가 많은 아이들과의 대화를 통하여 분명히 아는 사실이 있다. 우리가 집 평수를 늘리거나 휴가를 더 잘 보내려고 아이들에게 소홀할 때, 어린 나이 때부터 아이들을 남에게 맡기고 맞벌이로 일할 때, 아이들은 절대로 그것을 우리가 자기들을 위하여 희생하는 것으로 보지 않는다. 오히려 아이들은 자기들이 부모를 위하여 희생당한다고 생각한다. 부모의 존재나 혹은 부재만큼 아이들에게 크게 와 닿는 것은 아무것도 없기 때문이다.

브랜들은 결국 PGA 투어를 그만두고 텔레비전 아나운서로 직업을 바꾸기로 했다. 그러면 연중 180일 대신 60일만 집을 비우면 된다. 한때 그는 두 가지 일을 다 해 보려고 한 적도 있었다. 그가 시합을 마치고 들어오는데 몇몇 친구들이 점수를 물었다.

"그래, 72타로 그쳤네." 그는 말했다.

근처 테이블에 앉아 있던 타이거 우즈가 돌아보며 말했다.

"텔레비전 아나운서가 그 정도면 잘한 겁니다."

그리고는 물었다.

"그나저나 어떤 게 당신의 직업인가요? 골프 선수입니까, 아니면 방송인입니까?" 브랜들은 이렇게 대답했다.

"타이거, 공식 발표합니다. 나는 방송인입니다. 하지만 그것은 나에게 시간제 부업일 뿐이고, 내 진짜 직업은 남편과 세 아이의 아버지가 되는 것이지요. 웃음이 나와서 미안하지만 내 직업이 세상에서 최고가 아닌가 생각합니다."[56]

브랜들은 이제 더 이상 '잠시 들르는' 사람이 아니다. 마침내 집으로 온 것이다.

그렇다면 우리는 어떨까? 물론 우리는 1년에 180일씩 돌아다니지는 않는다. 그러나 우리는 정서적으로 부재한 것은 아닐까? 자녀들은 우리를 '잠시 들르는' 사람으로 표현하지 않을까? 우리에게 이렇게 질문하면 우리의 대답은 어떠할까?

"아빠는 축구가 좋아요?"

"엄마는 텔레비전 보는 것이 좋아요?"

"교회 일에 그렇게 매달리는 것이 좋아요?"

우리가 그렇다고 대답하면 아이들은 이렇게 되묻지 않을까?

"왜요? 그것 때문에 우리랑 같이 있지 못하잖아요."

그렇다고 자녀들이 어릴 때는 우리가 집 밖에서 취미 생활이나 기분 전환도 할 수 없다는 말이 아니다. 오히려 가끔씩 기분 전환 하는 것이 아이들의 삶에 개입하는 데 더 도움이 될 수 있다.

그러나 정서적인 면에서 어디에 가장 많이 투자하고 있는가? 우리의 가장 뜨거운 열정과 가장 참된 기쁨은 무엇인가?

취미인가? 일인가? 아니면 우리의 가정인가?

날마다 십자가에 죽으라
32

아무든지 나를 따라 오려거든 자기를 부인하고 날마다 제 십자가를 지고 나를 따를 것이니라

누가복음 9장 23절

《나니아 연대기》의 저자로 익히 알려져 있는 C. S. 루이스가 1924년 당시 26세 때의 일이다. 그는 전사한 한 친구의 어머니를 자기 집에 와서 살게 했는데, 그와 친구의 어머니 무어 여사와의 관계는 힘들 때가 많았다. 재정은 빠듯했고 그렇다고 둘 다 집안의 도움도 없었다. 무어 여사는 루이스가 아무리 학문의 본분을 다하는 중이라 해도 반

드시 집안일을 거들어야 한다며 강경하게 나왔다.

어느 날 젊은 루이스는 드디어 한계에 달했다. 그가 장을 봐서 집에 돌아오자마자 부인은 다시 그에게 심부름을 보내 말을 전하게 했다. 그렇게 바깥나들이를 두 번이나 했는데도 무어 부인은 루이스가 개를 데리고 나가 운동을 시키지 않는다며 싫은 소리를 했다. 루이스는 일기장에 이렇게 썼다.

"내 속에 쌓인 신경질적인 짜증이 점심식사 후에는 극에까지 치달았고 나의 생각도 극도로 무책임하고 미련해지고 통제력을 잃어 한순간 나는 내가 무슨 광란이라도 부릴 것 같아서 정말 두려웠다."[57]

루이스는 도저히 감당하기 힘든 좌절과 분노를 느꼈다. 그러나 그가 통과해야 했던 그 격랑 속에서 한 성숙한 그리스도인 지도자가 빚어지고 있었다. 그래서 그는 인간의 변덕스러운 마음과 복잡다단한 영혼을 누구보다도 깊이 통찰한 사람이 되었다. 루이스는 사는 법을 배우기 위하여 죽는 법을 배워야만 했다.

루이스의 전기 작가인 조지 세이어는 이렇게 썼다.

> 후에 루이스는 가정생활을 성품의 학교로 보게 되었다. 꼭 필요한 명랑함과 자제력을 배우기가 그로서는 적잖이 어려웠고 그래서 서서히 체득할 수밖에 없었다.[58]

성숙하게 자란다는 것은 쉬운 일이 아니다. 부모 된 우리 대부분은 발길질을 하고 악을 쓰면서 성품 계발의 사지로 끌려간다. 대체로 성품의 성장이란 인내로 힘든 시기를 지날 때 이루어지기 때문이다(롬 5:3~5, 약 1:2~4 참조). 우리의 심령 속에 그 가장 중대한 일을 촉진하는 것은 대개 가정생활의 가장 싫은 부분들이다. 물론 힘든 시기 자체로 성품의 성장이 보장되는 것은 아니지만, 그것을 바른 태도와 하나님께 드려진 마음으로 끌어안으면 분명히 우리의 영혼이 씻음을 얻을 수 있다. 그러한 경험은 풍요롭고 순탄한 시기에는 결코 얻을 수 없는 것이다.

그러므로 부모로서 우리는 가정생활의 힘든 부분들까지도 달게 받을 줄 알아야 한다. 끊임없이 치우는 것, 한밤중에 자다가 깨는 것, 온 가족의 외출을 위하여 내가 원하는 일을 포기하는 것, 두 시간도 안 되어 세 자녀의 열 번째 싸움을 해결해야 하는 것 등이 즐겁지 않을 수 있으나, 그래도 매일 자아가 죽도록 부름받은 그리스도인으로서 나는 이런 '십자가의 순간들'을 얼마든지 귀히 여기며 존중할 수 있다. 이제 나는 그런 일들이 생겨도 전처럼 분개하지 않는다. 그런 일들이 나의 삶에서 차지하는 자리와 역할을 인정하기 때문이다.

예를 들어 아이들이 치약을 다 쓰기도 전에 새 치약을 열면 이전에는 짜증이 났었다. 치약이 20%쯤 남으면 어느새 아이들은 불룩한 새 치약을 꺼냈다. 그 바람에 남은 치약을 두어 주 동안 칫솔에 묻혀 써

• 181

야 하는 사람은 나였다. 쓰던 것부터 마저 쓰게 하려고 아이들 몰래 새 치약을 치워 보기도 하지만 아이들은 늘 용케 찾아내거나 아예 다른 새 치약을 다시 뜯었다!

마침내 나는 깨달았다. 아이들의 엄지손가락은 아빠의 엄지손가락만큼 힘이 없다. 말아 올린 튜브를 펴서 힘을 주어 다시 말기가 앨리슨과 그레이엄과 켈시에게는 힘든 일이었다. 그리고 튜브에서 나오는 치약은 그래봐야 25센트 정도의 값어치밖에 되지 않는다. 그것이 내가 가족들을 섬길 수 있는 방법 중 하나임을 마침내 나는 배웠다.

얼마나 작고 사소한 일인가. 웬만한 부모들은 힘들이지 않고도 이와 비슷한 사례들을 여남은 가지는 줄줄 읊을 수 있을 것이다. 이런 작은 사건들의 무게가 합해져서 우리의 영혼을 짓누른다. 잘 보라, 무어 여사는 루이스에게 시장을 봐 오라고 했고 또다시 심부름을 보내고 개를 데리고 나가 걷지 않는다고 잔소리를 했지만 루이스를 그토록 고뇌에 빠뜨린 것은 그중 어느 한 사건이 아니라 그 모두가 합해진 무게였다.

가정생활도 마찬가지다. 작은 짜증들이 쌓이고 쌓여서 결국 누구도 상상할 수 없을 만큼 커진다. 만일 열여덟 살의 나에게 누군가가 이다음에 자식들이 치약을 쓰다가 말면 짜증이 날 거라고 말해 주었다면 나는 '내가 그렇게 옹졸해지는 일은 없을 것'이라고 말했을 것이다. 그러나 그것이 치약만의 문제가 아님을 열여덟 살의 나로서는 알 턱이 없을 것이다. 우리를 폭발시키는 것은 치약을 둘러싼 모든 것이다. 치약은 총탄이 아니라 방아쇠일 뿐이다.

그래서 우리는 자신을 정말로 '짜증나게' 하는 일들을 가끔씩 재고할 필요가 있다. 그리고 정말로 짜증이 문제가 아닐 수도 있음을 살펴야 한다. 어쩌면 우리가 이기적일 수도 있다. 또는 어쩌면 우리가 비현실적일 수도 있으며, 우리가 냉정한 것일 수도 있다. 어쩌면 아주 작은 일이 돌연 아주 크게 비화되기까지 원망이 쌓이도록 그냥 놔 두었기 때문일 수도 있다. 어떤 경우든 우리는 그 문제 때문에 아이들에게 잔소리하며 아이들을 바꾸는 데 초점을 맞추기보다는 우리 자신을 바꿀 생각을 해야 할지도 모른다.

가정생활이 이런 이슈를 불거지게 하는 데에 그토록 능한 이유가 있다. 실제로 누군가와 함께 살다 보면 반드시 서로 부딪치고 서로 섬겨야 하고 서로 성질을 돋우는 일이 생길 수밖에 없다. 이 모두가 우리에게 자아에 대하여 죽을 것을 요구한다. 십자가의 순간들이라는 표현은 그래서 나온 것이다.

현대의 영화와 연애소설들은 로맨스를 마치 무조건적인 사랑, 끊임없는 격려, 시들지 않는 애정, 솟구치는 낭만, 지속적인 존중 등 우리의 모든 비현실적인 기대가 그대로 실현되는 장으로 본다. 그러나 가정생활은 현실이다. 나아가 그리스도인의 시각에서 볼 때 가정생활은 내가 나 자신의 이기적인 욕망, 편안함에 대한 중독, 자존심, 대우받으려는 마음에 대하여 죽는 법을 배우는 장이다.

가정생활을 중시하는 것은 그것이 우리를 자주자주 십자가로 이끌어 주기 때문이기도 하다. 십자가는 나와 내 가족들의 죄에 대한 하나님의 해답이며, 내가 날마다 자아에 대하여 죽어야 한다는 하나님의 은유다. 나는 이기적인 존재다. 어제 '죽었으니' 오늘은 대우를 받고 싶다! 이제 누군가 다른 사람이 짐을 져야 할 차례다! 때로 나는 오전에 가족들을 후하게 섬겼으면 남은 하루 동안은 손을 떼고 싶을 정도로 마음이 인색해진다. 한 번이야 즐거운 마음으로 죽을 수 있지만 감히 나더러 계속되는 죽음을 요구하지는 말라는 듯이!

나의 소명은 복음대로 사는 것이다. 그 소명을 나에게 즉각 떠올려 주는 상황이라면 무엇이든 나의 삶에 초월적인 중요성을 띤다. 그러한 사실에 힘입어 웃음뿐 아니라 종종 남의 눈에 띠지 않고 별로 인정받지 못하는 고역스러운 섬김과 이타적인 행위까지도 귀히 여길 수 있게 된다.

어쩌면 당신도 나처럼 갖가지 기대와 희망을 품고 가정생활에 들어섰는지 모른다. 이번 주에는 하나님이 당신에게 무엇에 대하여 죽으라고 하시는지 생각해 보라. 그분이 없애기 원하시는 이기적인 면은 무엇인가? 당신 안에 쌓여 가고 있는 원망은 무엇인가? 당신이 폭발하지 않으려면 그것이 십자가에 죽어야 한다. 당신의 성품 중에서 지금 하나님이 시험을 허용하고 계신 부분은 어느 부분인가? 그 열이 얼마나 뜨거워져야 마침내 당신은 십자가를 지는 종이라는 자신의 역할을 수용할 것인가?

자녀가 들춰내는 약점을 직시하라
33

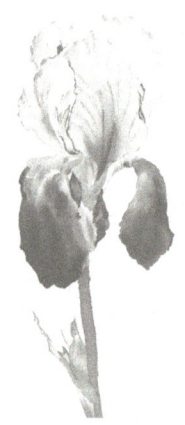

인내를 온전히 이루라 이는 너희로 온전하고
구비하여 조금도 부족함이 없게 하려 함이라

야고보서 1장 4절

기독교 신학에서 가장 중요한 단어는 무엇일까? 많은 사람들에게 이 질문을 해 보았는데 대답은 대체로 거의 비슷했다.

은혜.

사랑.

믿음.

진리.

다 좋은 대답이지만 20세기 중반의 유명한 저자 엘튼 트루블러드는 시각이 달랐다. 별로 대단해 보이지 않는 '그리고'라는 단어가 가장 소중한 단어라고 그는 말한다.

우리는 걸핏하면 양극단으로 치닫기 일쑤지만 하나님은 얼핏 보기에 인간의 논리상 상충되어 보이는 두 개의 진리를 함께 내세우신다. 예수님은 온전한 하나님이시고 그리고 온전한 인간이시다. 하나님은 자비로우시고 그리고 죄인들에게 책임을 물으신다. 하나님은 강하시고 그리고 온유하시다. 우리는 거룩하고 그리고 거룩해져 가는 중이다. 이 '그리고'를 망각할 때 이단이 생겨난다.

우리가 '그리고'의 중요성을 배우는 데 자녀들이 도움이 될 수 있다. 나도 자녀 양육 여정의 힘겨운 시기 중에 그것을 깨달았다.

우리 아이들 중 하나에게 습관적인 분노 폭발의 문제가 있었다. 이 문제를 해결하는 과정에서 아버지인 나 자신의 약점들이 밝혀졌다. 리자와 나는 상황에 더 잘 대처하는 길을 찾아서 어느 통찰력 있는 상담자를 찾아갔다. 상담자는 말했다.

"게리, 내가 보기에 당신은 이 모든 일에 대한 자신의 분노를 정직히 대면하지 못하고 있는 것 같습니다."

그녀의 말은 이렇게 이어졌다.

"어떻게 하실 겁니까? 이 아이가 두 시간 동안 당신의 삶을 비참하게 만들자마자 당신은 슬그머니 서재로 들어가서 온유와 평안에 대한 글을 쓸 작정입니까?"

그때 리자가 웃으며 말했다.

"사실 말이지만 사람들이 가장 좋아하는 남편의 강연 주제 중 하나가 온유랍니다."

하나님이 그 아이를 통하여 나에게 보여 주신 것이 있었다. 나는 약간 균형을 잃어가고 있었고, 그 아이를 대할 때 좀 더 직접적이고 솔직해져야 할 필요가 있었다.

온유가 하나님의 성품에 중요한 요소이고 따라서 우리가 입어야 할 성품의 표징인 것은 사실이다. 그러나 하나님이 자신의 온유에 능력의 옷을 입히시는 것도 사실이다. 이사야 40장 10~11절 말씀을 생각해 보라.

"보라 주 여호와께서 장차 강한 자로 임하실 것이요 친히 그의 팔로 다스리실 것이라 보라 상급이 그에게 있고 보응이 그의 앞에 있으며 그는 목자 같이 양 떼를 먹이시며 어린 양을 그 팔로 모아 품에 안으시며 젖먹이는 암컷들을 온순히 인도하시리로다."

하나님은 '강한 자로' 임하시면서 동시에 그분의 양들을 '온순히' 인도하실 수 있다. 그분은 강하시거나 아니면 온유하시거나 둘 중의 하나가 아니다. 동시에 둘 다이시다.

여러 모로 아이들은 지표가 될 수 있다. 우리의 삶에서 극단으로 치닫고 있는 부분들이 아이들을 통하여 밝혀진다. 우리의 모난 부분들, 약점들, 우리가 아직 두루 원만한 사람이 아니라는 확실한 증거가 드러난다. 아이들은 우리 곁에 다가와서는 우리에게 다듬는 작업이 더 필요한 부분을 지적해 준다.

우리에게 자녀를 주심으로 그런 역할을 하게 하시는 하나님은 얼마나 놀라우신 분인가. 무뚝뚝한 부모는 꼭 아주 예민한 딸을 만난다. 독서광인 아빠는 자기 아들이 스포츠팬이 되는 것을 보고는 기겁한다. 아주 세련된 여자는 자기 딸이 말괄량이인 것을 알고는 속이 뒤집힌다. 살아가면서 이런 아이들은 우리의 편견들을 벗겨 내고 우리의 가장 두드러진 약점들, 우리가 가장 사랑하고 수용하고 용서하지 못하는 부분들을 들추어 낸다.

우리가 자신이 완전하지 못함을 인정하기만 한다면 그런 현실을 받아들이는 것도 어렵지 않다. 우리가 완전하지 못하다는 말은 추상적으로 보면 아주 당연해 보이지만 구체적인 순간에는 극심한 고통으로 다가올 수 있다. 그래서 이번 주의 연습으로 나와 함께 이렇게 고백해 보자.

"나는 완전하지 못하다. 나의 성품에는 허점들이 있고 나의 성격에는 약점들이 많다. 나의 가장 두드러진 결점들을 아이들이 직관으로 분별하여 일관되게 들추어 낼 것은 기정사실이다."

그러고 나서 한 주간 동안 잘 지켜보라. 당신의 완전하지 못한 부분이 정확히 어디인지 하나님이 아이들을 통하여 당신에게 보여 주실 것이다. 물론 당신이 이미 알고 있는 부분도 많을 것이다. 그러나 뜻밖의 결과에 마음을 열어 두라.

자녀 양육의 과정을 통하여 그간 숨어 있던 약점에 빛이 비쳐들 것을 예상하라. 그리고 당신의 영적인 성장을 위하여 그런 도움을 베푸시는 하나님께 감사하라.

강한 펀치를 받아넘기는 유머를 가지라
34

> 그러므로 너희가 이제 여러 가지 시험으로 말미암아 잠깐 근심하게 되지 않을 수 없으나 오히려 크게 기뻐하는도다 너희 믿음의 확실함은 불로 연단하여도 없어질 금보다 더 귀하여 예수 그리스도께서 나타나실 때에 칭찬과 영광과 존귀를 얻게 할 것이니라
>
> 베드로전서 1장 6~7절

나의 친구이자 저작권 대리인인 칩 맥그리거의 어머니는 남에게 베풀기를 아주 좋아하는 분이었다. 친절하고 인정이 많고 섬김에 열심이던 그녀의 삶에는 다른 사람들을 도와준 일이 헤아릴 수 없이 많았다. 칩은 이렇게 말한다.

"장례식에 찾아와서 그간 손수 만들어 준 빵과 계피 롤빵에 감사를

표할 조문객을 근처 우체국, 식품점, 약국, 심지어 근처 타이어 가게에까지 둔 사람이 과연 얼마나 되겠는가?"

이런 '도르가'(행 9:36)가 세상을 떠나면 자녀로서 최고의 전송을 하고 싶은 것은 당연하다. 그러나 안타깝게도 삶의 현실은 맥그리거 부인의 장례 예배를 뒤틀어 놓았다. 백파이프를 부는 사람의 치마가 관손잡이에 낀 것이 발단이었다. 칩은 "감동적인 스코틀랜드 국가(國歌)가 되었어야 할 음악이 결국 목 졸림을 당한 고양이 소리처럼 되고 말았다"고 말했다. 그런데 그때 선두에서 운구하던 사람이 발을 헛디뎌 그만 무덤 속에 빠지고 말았다. 칩이 그를 도와주려고 몸을 구부려 팔을 내밀자 그는 흘긋 칩을 보면서 이렇게 말했다.

"얘야, 미안하다. 아무래도 네가 이번 일로 상처를 받겠구나."

그러나 칩은 자기 어머니는 유머 감각이 대단한 사람이었으니 그날 일에 대해서도 누구보다도 껄껄 웃어 넘겼으리라고 이야기했다.

칩은 얼마나 귀한 유산을 물려받았던가! 심혈을 기울인 우리의 계획들은 현실 생활과 충돌하기 일쑤다. 완벽한 저녁식사가 망가지고 깨끗한 집이 지저분해진다. 타이어가 터지거나 아이들이 싸우는 통에 갑자기 이동이 중단된다. 우리가 자녀들에게 전수하고 싶은 태도는 무엇인가? 타락한 세상에서 타락한 인간으로 살아갈 때 생길 수밖에 없는 이 해학을 즐길 줄 아는가? 아니면 야외로 나가려던 계획이 비 때문에 틀어진다든가 비행기에 부친 짐 가방이 제 때 도착하지 않는다든가 하는 식으로 일이 조금만 틀어져도 가까이 있는 사람들에게 분통을 터뜨릴 것인가?

타락하고 죄 많은 세상에서 일들이 틀어지는 것은 당연하다. 이런 세상을 살아가는 법을 자녀들에게 본을 보이는 것이 우리의 도리라고 믿는다. 나아가 우리는 사건의 그러한 반전들을 하나님의 주권적인 섭리로 볼 수 있다. 예수님의 사역을 잘 보면 거의 '돌발적인' 상황처럼 보이는 일들이 많다. 그분과 제자들이 다음과 같이 세세하게 스케줄을 정해 두었을 리 만무하다.

"오전 10시에 산상수훈을 전한다. 그 후 무화과나무를 저주한다. 1시쯤 우물가의 여인을 만나기로 되어 있으므로 그때까지는 다 마친다."

반대로 예수님은 풍랑, 성난 군중, 갑자기 날뛰는 귀신들, 예고 없이 닥치는 길가의 만남들을 이용하여 사역을 펼치시고 메시지를 전하셨다.

일이 아무 탈도 없이 완벽하게 풀릴 때는 누구라도 좋은 태도를 견지할 수 있다. 진정한 그리스도인 가정의 표징은 치밀하게 세워 둔 계획이 삶의 현실 앞에 망가져도 여전히 침착하고 은혜롭고 온유할 때 나타난다. 왜 그럴까? 바로 그런 순간들에 우리의 믿음이 자녀들에게 특히 실감나게 느껴지기 때문이다. 그런 시기에 우리의 자녀들은 믿음 충만한 삶의 축복을 직접 목격할 수 있다.

가정생활은 더할 나위 없는 현실이다! 자녀들은 왜 항상 휴가를 떠나기 꼭 하루 전에 귓병이 나는 것일까? 엄마들은 왜 추수감사절 식사로 섬기려고 하는 그날에 생리통이 극에 달하는 것일까? 아빠들은 왜 항상 크리스마스 두 주 전에 퇴직을 당하는 것일까?

성경은 이런 시련이 우리의 믿음을 '연단하여' 준다고 말한다. 우리가 이런 위기를 어떻게 받아들이고 반응하느냐를 보고 자녀들은 우리 신앙의 실상을 알게 된다. 우리가 이런 시련을 잘 뚫고 나가면 자녀들도 우리의 영적인 본을 따라 "예수 그리스도의 나타나실 때에 칭찬과 영광과 존귀를 얻게" 될 것이다.

이번 주에는 우리에게 은혜로운 마음을 달라고 하나님께 기도하자. 삶의 강한 펀치를 받아넘기는 마음, 남들이 좌절밖에 보지 못하는 상황에서 유머를 보는 마음을 달라고 기도하자.

이는 우리가 전수할 수 있는 가장 풍요로운 유산 중 하나이다.

겸손과 자기 성찰의 모범을 보이라
35

어찌하여 형제의 눈 속에 있는 티는 보고 네 눈 속에 있는 들보는 깨닫지 못하느냐 너는 네 눈 속에 있는 들보를 보지 못하면서 어찌하여 형제에게 말하기를 형제여 나로 네 눈 속에 있는 티를 빼게 하라 할 수 있느냐 외식하는 자여 먼저 네 눈 속에서 들보를 빼라 그 후에야 네가 밝히 보고 형제의 눈 속에 있는 티를 빼리라

누가복음 6장 41~42절

종교학 교수 제리 싯처는 가정생활의 가장 근본적인 영적 문제들 중 하나로 비난을 꼽는다.

편부모 가정 여부를 떠나서 대부분의 가정은 우리 집과 같다. 다

들 비슷한 형태를 따르는 것 같다. 즉 가족들은 상대방의 잘못된 행동을 언급함으로 자신의 잘못된 행동을 변명한다. 아내는 "남편이 제 시간에 집에 오는 적이 없다"고 투덜댄다. 남편은 "집에 가도 아내가 심통만 부리니 내가 밖으로 겉돌게 된다"고 대응한다. 오빠는 "얘는 묻지도 않고 늘 내 방에 드나든다"며 동생을 비난한다. 여동생은 "오빠가 항상 내 CD를 가져다 듣는데, 내 거니까 내가 가져오고 싶을 때 가져오는거야" 하며 응수한다.[59]

어떻게 하면 이 영적인 난국에서 헤어날 수 있을까? 모두가 항상 다른 사람탓을 한다면 어떻게 잘못이 규명될 수 있겠는가? 가정생활이 어떻게 달라질 수 있겠는가?

예수님은 3단계 해결 과정을 제시하시지 않고 그 대신 겸손이라는 영적인 덕목을 처방해 주신다. 겸손만이 유일한 해독제다. 비난과 험담으로 가득한 가정을 성장과 격려의 장으로 돌려놓을 만큼 약효가 강한 약은 겸손뿐이다.

그러나 여기 얄궂은 면이 있다. 이 교훈이 가장 절실히 필요한 첫 대상, 주요 환자이자 학생은 바로 부모라고 제리 싯처는 말한다. 부모인 우리가 앞장서서 본을 보여야 한다. 제리는 이렇게 말한다.

먼저 달라지려는 사람이 아무도 없는 한 정말 아무것도 달라지지 않는다. 다른 사람들을 볼 때처럼 과감히 자신을 비판적으로 보는 사람은 극히 드물다. 우리는 세상이 우리의 뜻대로 변화되기를 요구한다. 그렇게 기도도 한다. … 우리는 자신을 위해서도 기도할 필요가 있다. 주변 세상의 변화는 하나님의 이끄심에 맡기고 우선 자신부터 변화시켜 달라고 기도해야 한다. 연약하고 이기적이고 흠 많은 우리의 자아를 취하여 좀 더 그분을 닮게 해 달라고 하나님께 구해야 한다. 그 기도라면 하나님이 응답해 주신다. 그것은 그분의 마음을 기쁘시게 해 드리는 기도다.[60]

어떤 의미에서 가정생활은 사람을 가리지 않는다. 부모의 자리는 우리에게 자녀들에 대한 권위를 가져다 주지만 십자가 밑에서는 우리 모두가 평평한 땅에 서 있다. 모두 동일하다. 우리가 선 작은 땅뙈기는 갓난아기의 자리보다 단 1센티미터도 더 높지 않다. 하나님의 은혜가 필요하기는 우리도 마찬가지다. 우리도 똑같은 분량의 영적인 변화가 필요하다.

우리의 자녀들이 엄마나 아빠한테서 이런 말을 들을 수 있다면 그때 우리가 세울 수 있는 가풍을 상상해 보라.

"오늘 아침에 내가 성질을 부려서 미안하다. 그런 행동이 죄라는 걸 하나님이 나에게 지적해 주셨다. 이런 소중한 교훈을 배울 수 있는 가정을 주신 하나님께 감사드린다. 너희에게 사과한다. 앞으로는 그런 식으로 반응하지 않도록 할께."

 갑자기 아이들은 늘 자기들만 지적받는 것이 아님을 느끼게 될 것이다. 하나님이 우리 모두에게 일하고 계심을 그들은 알게 될 것이다. 그리고 그들도 이렇게 고백할 소지가 훨씬 높아질 것이다.

 "저희가 죄송해요. 너무 많이 싸워서요. 저희 행동이 아빠를 화나게 했을 거예요."

 이런 경험이 있은 후에 혹 우리가 아들딸에게 동기간의 방에 '무단 침입한'일이나 CD를 '가져간' 일에 대하여 말한다면 그때는 그들도 이미 회개의 모델을 본 후다. 한 그리스도인이 하나님의 지적을 받고 나서 사과하는 모습을 이미 목격했다. 자기 자신의 마음을 살피는 법을 이미 배운 것이다.

 그러나 그들이 만일 부모의 그런 모습을 볼 일이 없다면(자식들의 잘못을 지적하는 부모의 모습밖에 보지 못한다면) 자신을 반성하는 법을 어디서 배우겠는가? 분명히 저절로 되는 일이 아니다. 자신을 성찰하는 법을 배우는 일이야말로 인생의 가장 어려운 경험이라 할 수 있다. 그것은 대학원 수준의 영성이다. 겸손을 의식적으로 가르치며 일관된 본을 보여 주지 않는다면 우리의 자녀들은 절대 겸손을 얻지 못할 것이다.

 자녀들이 예수님을 믿도록 이끌어 주는 것과 더불어 이렇듯 기꺼이 자기 자신을 먼저 살피는 마음이야말로 우리가 자녀들에게 줄 수 있는 가장 귀한 교훈들 중 하나일 것이다. 그리고 이런 겸손한 행실이 없는 한 싸움과 불화는 끊이지 않을 것이다. 대부분의 분쟁은 어느 한 아이의 잘못이 아니다. 대개는 둘 다 잘못을 하고는 각자 상대방의 잘못으로 자기 잘못을 둘러대는 것이다. 그 아이들이 각각 자신의 잘못을 선뜻 인정하지 않는 한 그 분쟁을 해결하려는 시도는 부질없는 일이다. 우리 자신의 죄를 인정하고 그 죄에 책임을 질 때에만 우리는 평화롭고 화목하게 살아갈 수 있다.

나도 아직 그 여정 중에 있다. 현재 우리 집의 주소는 브랜디와인 코트 길의 몇 번지인데 죄는 바로 그곳에 상존하는 현실이다. 죄의 신학에 관한 교훈 하나로 기류가 달라지기를 기대하는 것은 마치 사막에 침을 뱉고는 가뭄이 끝났다고 선포하는 것과 같다. 왜 그럴까? 죄는 비참한 것 못지않게 끈덕지기 때문이다. 죄는 좀처럼 '떠날' 줄을 모른다. 죄는 지속적으로 십자가에 못 박혀야만 하며, 그러려면 우리가 계속 솔선수범하여 자꾸만 겸손을 보여야 한다.

부모로서 나이가 들수록 나는 진부한 방법론들에 대한 믿음이 떨어지고 오히려 죄와 이기심과 교만이라는 영적인 실상을 성찰하여 고백과 용서와 겸손이라는 영적인 치유책을 적용하는 데 더 역점을 두게 된다. 당신이 혹 온갖 '방법론'에 지쳤다면 이번 주에는 예수님의 말씀대로 한 번 해 보라. 겸손과 자기 성찰의 모범을 보이기 시작하는 것이다.

자녀들을 옳은 길로 인도하라
36

> 땅의 티끌 가운데에서 자는 자 중에서 많은 사람이 깨어나 영생을 받는 자도 있겠고 수치를 당하여서 영원히 부끄러움을 당할 자도 있을 것이며 지혜 있는 자는 궁창의 빛과 같이 빛날 것이요 많은 사람을 옳은 데로 돌아오게 한 자는 별과 같이 영원토록 빛나리라
>
> 다니엘 12장 2~3절

개인의 영적인 성장에 대하여 말하는 종교는 많지만 기독교는 다른 사람들의 성장을 돕는 영광을 강조한다는 점에서 구별된다. 사실 세상적인 관점에서 본다면 그 점이 기독교의 치부로 보일지도 모른다. 사람들은 "당신들은 왜 다른 사람들을 가만 두지 못하고 우리까지 믿게 만들려고 하느냐?"고 묻는다.

답은 간단하다. 지상명령(마 28:19~20)의 핵심은 그저 나만 의로워지는 것이 아니라 다른 사람들을 의로운 길로 인도하는 것이다. 다니엘이 받은 말씀도 그것을 강조해 준다. 많은 사람들을 옳은 길로 인도하는 자들은 "별과 같이 영원토록 비취리라"고 했다.

다른 사람들을 거룩한 길로 인도하라는 이 사명은 가정생활의 거룩함과 고결한 소명을 보여 주는 또 하나의 증표다. 자녀 양육이야말로 우리가 그런 목표를 달성할 수 있는 가장 영향력 있고 효과적인 장이기 때문이다. 하나님이 정해 주신 뜻과 하나님이 정해 주신 목표 때문에 가정생활은 신성한 것이다. 즉 그분은 하나님 나라를 신실하게 섬길 자녀들을 하나님의 영광을 위하여 기르도록 우리를 부르셨다. 그렇게 할 때 우리는 하늘에 상을 쌓아 두는 것이며 "별과 같이 영원토록 비취"게 될 것이다.

자녀들을 옳은 길로 인도하는 것보다 더 큰 소명이나 영광이 없건만 그보다 훨씬 낮은 목표들에 몰두하려는 유혹을 느끼는 부모들이 많이 있다. 내가 어릴 때 알았던 내 또래의 친구가 있었는데 그의 아버지는 그를 NFL(전국풋볼리그) 쿼터백으로 키우려고 했다. 그의 아버지는 어려서부터 그에게 맹훈련을 시켰기에, 그가 햄버거를 한 번도 먹어 본 적이 없다는 이야기가 친구들 사이에 떠돌았다. 그런 덕분인지 그는 조기에 대학을 떠나서 NFL에 입단했다. 그러나 그 아버지의 꿈은 물거품이 되고 말았다. 그가 햄버거보다 더 나쁜 마약을 자기 몸에 투입해 왔다는 사실이 밝혀졌기 때문이다. 끝내 그는 운동선수로서 자신의 잠재력을 다 발휘하지 못하고 말았다.

어떤 어머니들은 자식을 멋진 결혼으로 인도하고 싶어한다. 어쩌면 그들은 딸이 부유한 남자에게 시집을 가거나 아들이 손자손녀를 많이 낳아 줄 여자와 결혼하기를 원하는지 모른다. 그런가 하면 자식을 명성으로 인도하고 싶어서 자식의 사춘기 초반을 연예 산업에 팔려고 하는 부모도 있다.

그러나 성경은 우리에게 자녀들을 옳은 길로 인도하라고 명한다. 이것은 우리가 품을 수 있는 최고의 목표다. 하나님은 우리에게 줄곧 자녀들의 영원한 운명에 초점을 두도록 명하신다. 그들의 운동 실력, 학교 성적, 음악적인 재능, 예의범절, 원활한 사회성보다도 거기에 훨씬 더 중점을 두어야 한다.

바나바에 대한 성경의 묘사를 보면 그에 관한 정보가 거의 없어서 놀라게 된다.

"바나바는 착한 사람이요 성령과 믿음이 충만한 사람이라"(행 11:24).

바나바가 목수였나? 목자였나? 농부였나? 그의 부모는 가난했나, 부자였나? 그의 머리칼은 무슨 색이었나? 그는 뚱뚱했나, 날씬했나? 노래할 때 목소리가 좋았나? 훌륭한 운동선수였나?

우리는 모른다. 영원의 이편에서는 알 길이 없다. 성경 기자가 보기에는 그 모든 것이 불필요했다. 가장 중요한 것은 성경에 나와 있는 그것이다. 즉 그는 성품이 훌륭했고 성령으로 충만했고 믿음으로 행했다. 그는 '착한' 사람이었다. 그것으로 끝이다. 이는 우리의 자녀들을 어떠한 가치로 양육해야 하는지를 보여 준다.

나는 마지막 심판 날에 내 자식들 중의 하나가 나아와 다니엘의 표현대로 '수욕과 무궁한 부끄러움'을 당하는 것을 지켜보는 것보다 더 괴로운 시련을 상상할 수 없다. 거꾸로 나는 '궁창의 빛과 같이 빛날' 그들을 보는 것보다 더한 기쁨을 상상할 수 없다. 그런 천국의 상(賞)이 당신의 얼굴에 가져다 줄 그 웃음, 당신이 자녀들과 함께 나누게 될 그 영광, 그리고 당신의 새롭고 순전하며 신령한 심장을 부풀게 할 그 기쁨을 상상해 보라!

그 심판 날을 망각한다면 우리는 자칫 자녀 양육의 궁극적인 목표를 놓치고 낮은 목표들에 집중하느라 에너지를 허비할 위험이 있다. 그렇다고 자녀들의 예절과 운동 실력과 성적과 사회성을 등한시하라는 말이 아니다. 우리의 가장 큰 소명이 자녀들을 옳은 길로 인도하는 것임을 기억해야 한다는 말이다. 그들이 하나님 앞에 단독으로 설 그 날이 오면 그들이 몇 살에 기저귀를 뗐는지는 중요하지 않다. 그때가 되면 그들이 1마일을 4분 안에 뛰었으며 골프 라운드를 언더파로 마무리했는지의 여부는 우리의 관심사가 못된다. 또한 그들이 억대의 연봉을 받았는지, 억대의 빚을 남기고 죽었는지, 늘씬한 사이즈의 옷이 잘 맞았는지 따위는 중요하지 않게 된다.

그때에 중요한 것은 하나님이 천국이라고 부르시는 그 영광스러운 실체 속에 그들이 우리와 나란히 자리하는 것이다.

자녀들을 옳은 길로 인도하는 것, 그것이 오늘 나의 초점인가?

뜨거운 영향력으로 기억되는 부모가 되라
37

야곱이 아들에게 명하기를 마치고 그 발을 침상에 모으고 숨을 거두니 그의 백성에게로 돌아갔더라 요셉이 그의 아버지 얼굴에 구푸려 울며 입맞추고

창세기 49장 33절~50장 1절

유명 인사들에게 자신의 묘비에 뭐라고 쓰이기를 원하는지 묻는 잡지 기사들이 얼마나 많은지 모른다. 너무 많아서 셀 수 없다는 것만은 분명하다. 그러나 나는 돌판에 뭐라고 새겨지든 거기에는 별로 관심이 없다. 우리 아이들의 마음속에 뭐라고 새겨지는가에 훨씬 더 관심이 많다.

가끔씩 잠시 한 걸음 물러나 다음 사실을 떠올리면 도움이 될 것이다. 우리의 유아들은 언제나 아기가 아니고 우리의 걸음마쟁이들은 언제나 초등학생이 아니며 우리의 십대 자녀들은 언제나 사춘기가 아니다. 우리는 미래의 성인들에게 영향을 미치고 있는 것이다. 그들 중에는 자기 부모를 기억할 때 아무 생각이 없고 심드렁한 사람들도 있을 것이고 지독한 반감을 가지는 사람들도 있을 것이고 뜨거운 감사와 사랑을 느끼는 사람들도 있을 것이다.

도나 아이작슨의 아버지는 그녀가 태어날 때 57세였다. 그는 딸을 데리고 등산도 가고 딸에게 자연을 사랑하는 마음도 길러 주고 인디언 공예품에 대한 자신의 열정도 설명해 주었다. 도나가 늦둥이로 태어나다 보니 딸이 십대가 되었을 때 아버지는 이미 일흔 살이었다. 그럼에도 그는 딸과 삶을 나누었고 감사와 사랑에 찬 관계를 수확으로 거두었다. 도나의 이야기를 직접 들어보자.

> 하나님은 우리의 삶에 우리가 구하지 않는 것들까지도 주신다. … 그리고 때로 그분은 우리의 힘을 더 깊이까지 시험하신다. 나에게 그 궁극적인 시험은 아버지의 죽음이었다. 아버지는 4년 전에 아흔여덟의 일기로 세상을 떠나셨다. 아버지는 장수하셨고 여한이 없는 삶을 사셨지만 그 사실은 나에게 전혀 위로가 되지 못했다. 장례식 중에 나는 그 말을 한 번만 더 들으면 그대로

나의 자제력을 잃을 것만 같았다. 아버지가 언제 어떻게 돌아가셨느냐는 나에게 중요하지 않았다. 그분은 가셨다. 지상에서 나에게 무조건적인 사랑을 베풀어 주셨던 유일한 분이 더 이상 내 곁에 없었다. 아버지가 떠나시면서 내 마음에 휑하니 커다란 구멍이 뚫렸고 나는 걷잡을 수 없는 슬픔으로 그 깊고 캄캄한 구멍 속으로 빠져 들었다.

비애의 나날은 계속되었고 나는 그 캄캄한 심연 속으로 점점 더 깊이 들어갔다. 4년 동안 나는 죽고 싶은 생각에 빠져서 속으로 서서히 죽어 갔다. 대인관계도 전혀 없었다. 나의 삶은 일과 잠 두 가지로 이루어졌다. 밤이면 나는 이불 밑의 굴 속으로 기어들어가 태내의 아기처럼 잔뜩 웅크리고는 잠이 오기를 빌었다. 아버지가 돌아가셨다는 사실을 잠시라도 잊고 싶었고 꿈에서나마 아직 내 곁에 있는 아버지를 보고 싶었다. 너무나 쓰라린 아픔이었다.[61]

내가 떠난 후에 자녀들이 이런 우울 속에 빠지지 않기를 나는 바라고 기도하지만 그래도 꿈에서라도 아직 함께 있는 아버지를 보고 싶은 그 마음 하나로 잠을 청했을 정도로 아버지를 그리워한 딸의 애절한 마음에는 놀라지 않을 수 없다.

다행히 누군가가 도나에게 그녀가 그토록 사랑하고 그리워하는 아버지는 그녀가 이렇게 슬퍼하고 힘들어 하는 것을 원하지 않을 것이라고 지적해 주었고 그 덕분에 도나는 그 멍한 상태에서 헤어났다. 그녀가 다시 삶을 수습하는 것이 아버지에 대한 사랑의 표현이었기에 그녀는 그렇게 했다.

저자 게일 웨이슈 키슬레비츠도 어머니가 돌아가셨을 때 비슷한 정서를 경험했다.

"몇 년 전까지도 나는 여전히 어머니의 죽음을 부정하고 있었다. 내가 알던 세상은 어머니의 죽음과 함께 끝났다. 어머니와 함께 나의 한 부분도 죽었다. 내 마음은 공허했고 유머와 의욕과 열망이 사라졌다. 그저 하루하루 연명하는 것이 목표였다. 나는 어머니 없이 인생을 사는 법을 배우려고 필사적으로 애쓰고 있었고, 그리고 비참하게 실패하고 있었다."[62]

다음 번에 당신이 또 다시 장난감을 치우거나 또 다시 아이의 접시나 컵을 닦거나 또 다시 자녀의 축구나 농구 시합에 가 있으면서 "이게 정말 가치 있는 일인가?" 하는 의문이 들거든 이 사실을 떠올리라. 당신은 길이 기억될 것이다. 당신은 지금 영향력을 쌓고 있는 것이다. 그 영향력은 당신이 백세까지 살아도 자녀들이 여전히 당신을 보내고 싶지 않을 정도로 깊을 수 있다.

그것을 당연시하지 말라! 이 글을 쓰고 있는 지금 나는 어느 대학의 풋볼 코치를 생각하고 있다. 몇 년 전까지 그는 그 지역의 다른 어떤 코치들보다도 승리가 많았다. 그러나 지난 몇 년 사이에 그의 코칭 프로그램은 별로 성공을 거두지 못하였고, 그가 너무 오래 있었고 이제 물러나야 한다고 말하는 사람들이 갈수록 더 많아졌다. 온 세상의 기업들마다 나이든 중역들은 젊은 일꾼들의 무서운 야심의 그림자 속에서 일하고 있다. 부하들은 고참들이 은퇴하여 자리를 내어 주기만을 기다리고 있다. 배우들도 나이가 들면 이전에 자기한테 오던 배역들이 젊은 스타들에게 돌아가는 것을 점점 더 많이 보게 된다. 세상은 급격한 세대교체 체제로 돌아가고 있다. 구세대 사람들은 그 과정에서 버림받기 일쑤다.

그러나 당신의 가정이야말로 당신이 영원히 남아 주기를 진심으로 원하는 사람들이 있는 몇 안 되는 곳들 중의 하나다. 당신은 그 삶을 누릴 수 있다.

예외적인 경우가 아니고는 우리의 자녀들은 자라서 어른이 될 것이고 우리는 죽을 것이다. 그때부터 그들은 우리의 동참 아니면 부재, 우리의 격려 아니면 반감, 우리의 지원 아니면 멸시의 추억들을 안고 살아가게 된다. 방금 막 무르팍이 까진 다섯 살 된 어린 딸을 안고 우리는 이렇게 자문해 볼 수 있을 것이다. 지금부터 50년이 지나서 내가 죽을 날이 가까워져 의술의 도움을 받게 될 때, 이 딸이 내 손을 잡고 나를 위로하게 될 그때, 이 딸이 무슨 생각을 하고 있기를 원하는가?

수고를 몰라줄 때 하나님 수고를 기억하라
38

내 영혼아 여호와를 송축하며 그의 모든 은택을 잊지 말지어다 그가 네 모든 죄악을 사하시며 네 모든 병을 고치시며 네 생명을 파멸에서 속량하시고 인자와 긍휼로 관을 씌우시며 좋은 것으로 네 소원을 만족하게 하사 네 청춘을 독수리 같이 새롭게 하시는도다

시편 103편 2~5절

우리 세 아이 중 한 아이가 사춘기를 맞이했을 때 우리는 정말 열심을 다하여 그 아이의 스트레스와 시간적인 부담을 최대한 덜어 주어야 했다. 아이들은 누구나 성장 과정 중에 그런 시기를 지나게 된다. 아이가 학교에서 힘겨운 한 학기를 보내고 있을 수도 있다. 대인관계에 적응하느라고 특수한 고충을 겪는 중일 수도 있다. 체내에 호르몬

이 부글부글 끓어 발산의 장이 좀 더 필요할 수도 있다. 그런 시기가 닥쳐오면 그 자녀의 어깨의 짐을 덜어 주도록 애쓰자. 그래야 아이들이 자신의 자원을 최대한 총동원하여 당면한 도전에 맞설 수 있다.

자녀들은 부모의 이런 수고를 보지 못하고 몰라 줄 때가 많다. 이와 관련하여 캔자스의 한 어머니의 말이 생각난다.

"딸은 내가 자기 때문에 얼마나 애쓰고 있는지 전혀 몰라요. 전혀! 물론 나야 즐겁게 하는 일이지만 딸은 정말 손톱만큼도 몰라요."

하나님의 심정이 바로 그렇겠다 싶어서 나는 깜짝 놀랐다.

한 번 생각해 보라. 우리가 운전 중에 무심코 사고를 내려는 찰나에 하나님이 간섭하시어 자칫 목숨을 잃을 뻔한 충돌을 막아 주시는 때가 얼마나 많은가? 그런데도 우리는 하나님의 기적적인 개입을 모른 채 그저 뒤쪽을 쓱 볼 뿐이다.

직업이나 대인관계나 그 밖의 부분에서 하나님이 우리에게 문을 열어 주셨는데도 우리가 그분의 일하심을 보지 못한 적이 얼마나 많은가? 우리를 위하여 사람들의 마음을 움직이신 하나님의 손길은 안중에도 없이 어쩌면 우리는 그것을 '네트워킹'이나 자신의 뛰어난 친화력 탓으로 돌렸는지도 모른다.

하나님이 우리에게 사나운 폭풍을 면케 하시거나 폭풍 중에 구해 주시거나 아름다운 하루를 주시거나 가장 요긴할 때 우리의 마음속에 성경구절이나 격려의 말을 속삭여 주신 적이 얼마나 많은가?

하나님이 얼마나 많은 시간을 들여서 당신의 앞날을 계획하시고 또 당신의 배우자가 될 사람, 당신에게 부어 주실 은사들, 그 은사를 활용할 수 있도록 당신에게 열어 주실 문들을 구상하셨는지 혹시 생각해 본 적이 있는가? 당신의 얼굴을 디자인하시고 당신의 성품을 개발시키시고 당신의 기질을 빚으시느라고 하나님은 얼마나 많은 창의력을 발휘하셨던가?

하나님이 사탄의 유혹을 무산시키시고 당신이 평생 후회할 일을 하지 않도록 막아 주신 적이 몇 번이었던가? 당신은 그 일 전체를 '사적인 구사일생'으로 생각했을지 모른다. 그러나 그것은 전혀 사적인 일이 아니었을 수 있다. 당신의 주변에 벌어지고 있는 영적인 성전(聖戰)을 당신이 보지 못했을 뿐이다.

주님께서 우리의 자녀들을 지켜 주시고 위험에서 벗어나게 하시고 좋은 친구들 쪽으로 이끄신 적이 얼마나 많은가? 보이지 않는 손길로 우리 자녀들을 어떻게 인도하셨는지 우리는 다 모른다. 우리의 아이들은 집을 떠나서 학교에 가서는 다른 활동들을 하다가 다시 집에 돌아온다. 우리는 하나님이 목자처럼 그들을 다시 우리의 품안으로 인도하신 것은 전혀 생각하지 않은 채 그런 일을 당연시한다.

하나님이 목사나 작가나 라디오 설교자나 친구에게 감화를 주시어 당신이 꼭 들어야 할 그때에 어떤 메시지나 성경구절이나 깨달음을 나누게 하신 때가 또 얼마나 많은가? 하나님은 얼마나 자주 당신의 식탁에 음식을 두시고 당신의 몸에 옷을 입히셨던가? 당신이 뾰족한 물체에 눈을 찔릴 뻔했거나 당신의 머리 위로 뭔가가 떨어질 뻔했던 적이 얼마나 많은지 생각해 보라. 높은 데서 떨어질 뻔했는데 가까스로 면한 적은 또 몇 번이던가? 우연히 면한 것이라고 생각하는가?

하나님은 바쁘게 일하시는 분이시다.

그분은 우리의 삶 속에 두루 계시며 그 선하심과 자비와 은총을 우리에게 쏟아 부으신다. 그러나 우리는 그분이 해 주시는 일을 구체적으로 알아볼 때가 얼마나 되었던가?

별로 없다. 이렇게 생각할 사람들도 있을 것이다.

"하지만 하나님은 내 딸을 문제에서 벗어나게 하시지 않았어. 딸은 지금 애인과 동거 중이야!"

"그 허리케인이 우리 집을 때리다 못해 아예 박살을 내 놓았어!"

"나는 아홉 달째 실업자야. 하나님이 문을 열어 주신다는 따위의 얘기는 내 앞에서 꺼내지도 마!"

우리는 하나님이 개입하시면 우리 기준에서 상황이 더 순탄해지고 잘 풀린다고 착각하는데, 이것은 다분히 인간적인 개념이다. 옛 신앙의 선배들은 하나님이 싸움터에 뛰어드시면 상황이 실제로 더 어려워질 수도 있음을 알았다. 그 일들을 통해 궁극적으로 우리의 삶이 더 의미 있어지고 우리의 성품이 빚어진다는 것을 알았다. 하나님의 일하시는 방식이 단지 우리에게 이해가 가지 않는다고 해서 그분이 일하시지 않는 것은 아니다. 오히려 우리가 너무 유한하여 그분의 온전하고 주권적인 길을 이해하지 못할 뿐이다.

다음 번에 자녀들을 위한 당신의 수고를 그들이 몰라준다는 생각이 들거든 방향을 돌려서 당신을 위한 하나님의 수고를 떠올려 보라!

아이들이 우리를 당연시할 때마다 그것을 오히려 하나님을 예배하는 기회로 삼아 보자. 우리가 너무 자주 잊고 감사하지 못하는 그분께 말이다.

지금 여기를 사는 희열을 누려 보라
39

엿새 동안은 힘써 네 모든 일을 행할 것이나 일곱째 날은 네 하나님 여호와의 안식일인즉 너나 네 아들이나 네 딸이나 … 아무 일도 하지 못하게 하고 …

신명기 5장 13~14절

요나 젤디스 맥도노우의 소설 《네 가지 체질》(*The Four Temperaments*)에 보면 오스카라는 할아버지가 손녀를 대하는 심정을 되짚어 보는 대목이 나온다.

사람들은 언제나 자식보다 손자손녀 재미가 더 좋다고 말했다.

• 215

사실이었다. 아들들이 어렸을 때 오스카는 늘 자신의 직업에 관한 불안에 사로잡혀 있었고 그 직업의 향후 궤도를 정하려는 구상과 작업이 끊이지 않았다. 되돌아보면 돈에 대하여, 자신의 음악에 대하여, 루스의 행복에 대하여, 자신의 행복에 대하여 늘 걱정하며 살아온 자신의 모습이 보였다. 그렇다고 그가 아들들을 무시하거나 소홀히 한 것은 아니었다. 오히려 반대였다. 아들들은 그의 생각과 활동에 큰 부분을 차지했다. 그러나 그들은 그의 염려의 일부가 되기도 하여 그의 불안이라는 껄끄러운 피륙에 촘촘히 얽혀 들었다. 그는 그들이 진학할 학교, 그들의 음악 교육, 친구와 여자의 선택, 갖가지 거슬리거나 심상치 않은 습관들에 대하여 염려했다. 사고, 질식, 익사, 마약, 담배 … 웬만한 부모라면 누구나 하는 아주 흔한 염려였지만 그렇다고 불안이 덜한 것도 아니었다. 그러나 이소벨(그의 손녀)에게만은 자신의 염려가 훨씬 덜하다는 것을 그는 깨달았다. 손녀를 대할 때는 그에게 아무런 프로그램도 없었고 아무런 궁리도 없었다. 대신에 손녀와 함께라면 자식들을 대할 때보다 훨씬 더 충만하게 현재 속에 살 수 있었다. 그리고 자신조차 놀랍게도 그는 그대로 행복했다.[63]

조부모들에게 손자손녀 재미가 이토록 큰 이유 중의 하나는 아이들을 고치거나 바로잡아 주어야 한다는 부담을 갖지 않기 때문이다. 그들은 느긋하게 아이들을 즐거워한다. 모든 차이는 거기서 온다. 그들은 현재 속에 산다. 과거에 대한 원망도 없고 미래에 대한 집착도 적다. 자녀들이 어릴 때 우리는 자칫 삶을 그냥 흘려보내기 쉽다. 마치 하루가 그 실체인 값진 보물이 아니라 하찮은 푼돈이라도 된다는 듯이 말이다. 블레즈 파스칼은 고전《팡세》에서 이런 지혜로운 조언을 들려 준다.

> 우리 각자가 자신의 생각을 성찰해 보자. 자신의 생각이 전적으로 과거나 미래에 가 있음을 알게 될 것이다. 우리는 현재를 생각할 때가 거의 없으며, 설령 생각한다고 해도 자신의 장래 계획과의 관련성을 보기 위해서일 뿐이다. 현재는 결코 우리의 목표가 되지 못한다. 과거와 현재는 수단이며 미래만이 우리의 목표다. 우리는 실제로 현재를 그렇게 살지는 않으면서 그저 이상적인 미래의 삶을 바랄 뿐이다. 늘 행복해질 길을 구상하고 있으니 우리에게 정작 행복할 날이 없는 것은 당연한 일이다.[64]

아이들이 어릴 때 우리가 그냥 물러나 앉아서 '지금 여기'를 누릴 수 없음은 왜일까? 집 평수가 얼마나 작고 일이 얼마나 힘들고 물가가 얼마나 비싼가 따위는 잊어버리고 한 번만이라도 순간을 누릴 수는 없는 것일까? 하루의 매순간을 음미하여 두고두고 남게 할 수는 없을까? 시간은 극히 제한되어 있으며, 자녀들이 집을 떠날 날이 시시각각 다가오고 있건만 왜 우리는 마치 무한한 물량을 쓰듯이 그렇게 시간을 보내는 것일까?

최근에 나는 강연을 위해 버지니아 북부에 다시 갈 일이 있었다. 우리 아이들 중 둘이 버지니아에서 태어났는데 어느 해엔가 우리는 마나사스 전적지에서 크리스마스 사진을 찍었었다. 세 아이가 돌다리 끝에 앉아 있는 사진이다. 당시에 아이들은 일곱 살, 다섯 살, 두 살이었다. 리자가 그 사진을 집 어딘가에 두고 있어 나도 여러 번 보았다.

거의 10년이 다 지나서 나는 그 다리 옆을 혼자 걸어서 전에 아이들이 앉았던 자리에 앉았다. 말하기 좀 부끄럽지만 나는 울었다. 평소에 나는 잘 우는 사람이 아니다. 지금 나의 아들은 열네 살인데 아빠가 우는 모습을 본 적이 없는 것 같다고 말한다. 그런데 그날은 눈물이 그치지 않았다. 지나간 10년 세월을 돌아보면서 아이들이 나에게 얼마나 소중한 존재이며, 그럼에도 세월은 얼마나 빠르게 지나고 있는가 생각했다. 잃어버린 주말들, 낭비한 저녁 시간들, 내가 마치 우리 아이들이 항상 어리고 항상 우리 곁에 있을 것처럼 행동했던 시간들이 떠올랐다. 그렇게 무심하게 그냥 흘려보낸 잃어버린 순간순간이 못내 나를 슬프게 했다.

그 다리를 떠나면서 나는 현재 속에 살기로 다짐했다. 현재가 얼마나 소중한 것인지 이제 충분히 깨닫고 절실히 통감했으니 하나님이 주시는 순간을 치열하게 붙잡기로 한 것이다.

우리가 좀 더 현재 속에 산다면 우리의 태도가 그처럼 실용주의적이지는 않을 것이다. 자녀 양육에서 다분히 많은 부분을 차지하는 것은 틀린 문법을 고쳐 주고 아이들을 여기저기 실어 나르고 부엌을 치우고 바닥을 청소하고 숙제를 다 했는지 확인하는 일이다. 이런 접근에는 다음과 같은 위험이 도사리고 있다. 자신이 항상 검사받고 있고 항상 뭔가 할 일이 더 있고 항상 정신을 바짝 차려야 한다고 느끼는 아이들은 영적으로 피곤해지고 분노가 생기고 반항적이 된다는 사실이다.

몸도 먼저 양분을 받아야만 운동을 할 수 있는 것처럼 관계도 먼저 잘 가꾸어져야만 책망과 교정과 교훈을 견딜 수 있는 법이다. 어떤 부모들은 고칠 점에 너무 집중한 나머지 건강하고 좋은 관계를 누릴 겨를조차 없다. 때때로 우리는 한걸음 물러나서 관계를 다시 세울 필요가 있다. 밖에 나가 커피 한 잔을 마셔도 좋고, 싸움이 나지 않을 주제로 대화를 나누어도 좋고, 함께 영화를 보아도 좋고, 게임을 해도 좋고, 좋아하는 스포츠 팀을 응원해도 좋다. 현재 속에 살 수 있게 해 주는 것이라면 무엇이든 좋다.

이따금씩 나는 특정한 시간들을 따로 떼어 아이들을 그냥 즐거워하면서 할아버지처럼 있고 싶다. 자녀 양육의 '일'을 놓고 그냥 쉬면서 아이들을 '누리는' 일종의 영적인 안식일을 갖자! 나는 아이들에게 똑바로 앉으라고 말하지 않을 것이다. 문법이 틀렸다고 귀찮게 하지도 않고 방을 치웠느냐고 묻지도 않을 것이다. 대신 시간이라는 보화, 현재 속에 사는 선물, 안식 중에 행하는 영적인 기쁨을 음미할 것이다.

이번 주중에 오후나 저녁 시간을 한 번 떼서 당신도 나처럼 해 보면 어떨까? 당신 자신과 자녀들에게 한턱 써서 자녀 양육의 '안식일'을 선포하라. 그리고는 미래의 염려와 불안일랑 하나님의 손에 맡기고 온전히 현 순간 속에 사는 것이다. 지금 여기를 사는 희열을 깊이 들이마셔 보라.

자녀들을 위하여 결혼생활을 살리라
40

이스라엘의 하나님 여호와가 이르노니 나는 이혼하는 것과 옷으로 학대를 가리는 자를 미워하노라 만군의 여호와의 말이니라 그러므로 너희 심령을 삼가 지켜 거짓을 행하지 말지니라

말라기 2장 16절

이혼은 자녀들을 처참하게 만든다. 그 현실을 인정해야 한다. 나는 "아이들이 알아서 적응할 것이다", "결국은 다 좋게 될 것이다", "모든 상황을 감안할 때 그 길밖에 없었다" 따위의 말을 듣는 데 신물이 난다. 성경은 간음, 믿지 않는 배우자의 떠남 등 아주 드문 경우에만 이혼을 허용한다. 별거하는 것이 적절할 만한 다른 상황들도 존재한다.

당연히 아이들은 물리적인 폭력과 마약 중독자 부모에게서 보호받아야 한다. 그러나 아주 드문 예외를 제외하고는 자녀를 둔 우리들의 가장 중요한 본분 중의 하나는 부부관계를 지키는 것이다. 적어도 우리는 결혼의 파경을 허용함으로써 자녀들에게 떠안기는 극심한 피해를 인정할 필요가 있다. 부정좀定은 새로운 삶을 지을 기초로는 불안하다.

저자 젠 아바스는 이렇게 썼다.

"성인기에 들어서면서 … 나는 부모의 이혼이 나에게 미치는 영향이 해마다 줄지 않고 오히려 더 커지는 것 같아 크게 놀랐다. … 우리 부모는 이혼할 때 자기들이 깨끗이 갈라섰다고 생각했을지 모른다. 그러나 우리는 부모의 결별로 인하여 부서진 잔해다. 우리 부모가 왜 이혼했든 그것과 상관없이 그 이혼이 우리에게 아픔이 되었다는 사실은 변함없다."[65]

젠의 말은 아주 분명하다. 우리는 자녀들에게 우리가 이혼하려는 열두 가지 이유를 늘어놓을 수 있을지 모르지만 이혼은 결국 엄청난 아픔을 주게 되어 있다. 그 아픔은 우리의 온갖 궁색한 변명으로도 절대로 지워지지 않는다.

젠은 그 이유를 이렇게 설명한다.

"이혼은 우리의 정체를 바꾸어 놓는다. 이혼은 세상을 이해하는 우리의 렌즈를 뿌옇게 흐려 놓고 우리 정서 발달의 기초를 약화시킨다."[66]

사실 젠은 "이혼이 우리의 인생을 규정짓는 일대 사건 … 우리의 행복의 아킬레스건이 될 때가 많다"[67]고 보았다.

나의 경우에 자녀들이 무엇으로 규정되며 어떤 기억을 갖게 되기를 바라는지 생각해 본다. 그들이 그 어떤 사건들보다도 자신의 유년기를 대변해 줄만한 사건으로 부모의 이런 말을 꼽는다면 얼마나 비참할까.

"엄마 아빠는 이혼하기로 했다!"

연구자 주디스 월러스타인은 부모가 자녀의 필요보다 자기들의 욕구를 앞세우는 유일한 위기가 곧 이혼이라고 지적했다.

"이혼의 위기가 생길 경우 어머니들과 아버지들은 자녀를 제쳐둔 채 어른들의 문제를 먼저 챙긴다."[68]

그래 놓고 그들은 자녀들이 '극복하지 못한다'고 나무라거나 혹은 자녀들에게 그들의 가정을 깨뜨린 제3자를 반겨야 한다고 우김으로써 자녀들의 고통을 가중시키는 경향이 있다. 한 청년은 이렇게 탄식했다.

"나는 새엄마가 정말 싫었다. 우리 가정을 깨뜨린 장본인이었기 때문이다. 그런데도 나는 그녀를 찾아가 함께 칠면조 고기와 으깬 감자를 먹어야 했고 항상 그녀를 집안의 오랜 친구라도 되는 것처럼 대해야 했다."

결혼이 깨어질 때 자녀들이 부모들 때문에 처하게 되는 도덕적으로

난감하고 거북한 상황들이 보이는가? 젠 아바스는 그런 상황들에 대하여 이렇게 말한다.

"우리를 그토록 고통스럽게 한 변화들을 받아들이지 못하는 것이 얄궂게도 우리의 잘못일 때가 많았다. 하지만 가정의 파탄이 고통스러운 것이 왜 우리의 잘못인가?"[69]

양육권 없는 아버지와 같이 있어 주느라고 친구들과의 주말과 휴가마저 매번 포기해야 했던 한 여자 아이는 "범죄는 아버지가 저질렀는데 값은 내가 치러야 한다"[70]는 말로 자신의 좌절을 토로했다.

이혼 발생 시기에 자녀의 나이가 제법 들었더라도 상황은 달라질 것이 없다고 젠은 강조한다.

> 당신이 퍼즐을 맞추고 있는데 겨우 몇 조각 남지 않은 시점에 누군가 들어와서 테이블을 둘러엎는 바람에 퍼즐 조각들이 죄다 바닥에 쏟아졌다고 상상해 보라. 거의 막판까지 갔었다는 사실 때문에 지금 다시 시작해야 한다는 좌절감이 줄어들까? 성인이 되어서 부모의 이혼을 겪는 사람들의 고통은 경시될 때가 많다. 그러나 그들에게도 이혼은 여전히 중대한 영향을 미친다. 흩어진 퍼즐을 다시 맞추기 시작하면서 지금까지 보아 둔 그림이 달라졌음을 알게 되기 때문이다.[71]

건강하고 성숙한 가정에서 자라난 사람들은 집을 양육을 베풀고 상처를 싸매 주는 곳으로 보지만 젠에 따르면 이혼한 부모를 둔 자녀들에게 "집이란 오히려 가장 중한 상처를 입힌 곳이기 쉽다."[72]

이혼 가정의 자녀들에 관한 책을 읽어 보고 그들과 직접 대화를 나누어 본 결과, 부모들은 귀중한 결혼을 지키기 위해서라면 무슨 일이라도 해야 한다는 생각을 한다. 그들의 귀중한 아이들을 위해서 말이다. 배우자가 정말 흉악한 사람이라서 그와 함께 있기만 해도 자녀들이 영적, 정서적, 신체적 건강에 심각한 피해를 입지 않는 한 아주 힘들거나 외로운 결혼까지도 견뎌 내는 것이 부모 된 본분임을 느꼈다.

당신이 이미 이혼했다면 아픈 곳을 건드리는 것이 나의 의도가 아님을 부디 이해해 주기 바란다. 예수 그리스도는 온전한 용서를 베푸신다. 만약 이혼을 했다면, 자신의 행동이 자녀들에게 입힌 영향을 솔직히 인정하고 자녀들의 용서를 구하고 하나님과 협력하여 그들의 길을 편하게 해 주어야 할 필요가 있다. 당신 때문에 자녀들이 겪는 고통을 부정한다고 해서 그들의 상처가 줄어들지 않는다. 그러나 당신의 잘못을 인정하면 그들이 앞으로 그것을 소화하기가 훨씬 더 쉬워질 수 있다.

여기서 나의 진짜 목표는 행여 지금 이혼을 생각하고 있거나 혹은 결혼생활을 위협하는 행동으로 가정을 위기로 몰아가고 있는 부모들에게 말하는 것이다. 예컨대 당신은 부적절한 관계 속으로 빠져들고 있을 수 있다. 혹은 결혼생활에 관심을 접고는 더 이상 부부관계를 가꾸지 않을 수도 있다. 자기 자신에게 냉혹하리만치 솔직해지기 바란다. 만약 그런 상황에 있다면 이렇게 자문해 볼 것을 도전하고 싶다.

"나의 자녀들을 처참하게 만드는 일을 나는 정말로 하고 싶은가? 솔직히 자녀들에게 이렇게 심한 고통을 입혀야만 할 정도로 나의 고통이 그렇게 크다고 믿는가?"

실제로 이혼이 하는 일은 부모의 힘든 결혼생활의 고통을 자녀의 어깨로 떠넘기는 것이기 때문이다.

예수님은 자신을 희생하셨다. 우리의 고통과 형벌을 지셨다. 우리의 모범이신 예수님은 자녀들에게 고통을 입힐 것이 아니라 자녀들의 고통을 지라고 우리에게 가르치신다. 없는 십자가를 만들어 내서 자녀들의 어깨에 지우는 것이 아니라 우리가 가족들의 십자가를 져야 한다. 부모들이 "자식 대신에 내가 총알을 맞겠다"고 하는 말을 나는 수없이 들었다. 당신의 결혼생활이 힘들어 이혼의 위기에 처해 있다면 지금이야말로 그럴 수 있는 기회다. 계속 이혼을 밀고 나간다면 그것은 "나는 자식들을 위해서 죽을 마음은 있을지 모르나 자식들을 위해서 살 마음은 없다. 나는 자식들을 위해서 이 상황을 참지는 않겠다"고 말하는 것이나 다를 바 없다.

그래서 이번 주의 적용은 한동안 자녀들을 떼어 놓고 부부관계를 돌아보는 시간을 갖는 것이다. 함께 나가서 가장 중요한 이 관계를 가꾸기 바란다. 이혼이 얼마나 처참한 것인지 깨닫고 나면 우리는 결혼생활을 견고히 하기 위하여 두 번, 세 번, 백 번의 노력도 기울일 것이다. 대충 넘어가기에는 너무 위험이 크다. 배우자를 골라서 그 사람과 함께 이 자녀들을 낳은 것은 당신이다. 자녀들을 위하여 결혼생활을 살리라.

당신이 젊은 엄마로서 아직 아이를 한두 시간도 떼어 놓기 힘들거나 혹은 배우자는 무시한 채 귀여운 아기에게만 에너지를 다 쏟고 있다면, 알아야 할 것이 있다. 배우자를 무시하는 당신의 그 행동이 앞으로 10년 후에 그 귀여운 아기를 심각한 정서적인 상처의 중대한 위험에 빠뜨릴 수도 있다는 것이다. 다른 이유가 아니라면 아이를 위해서라도 시간을 내서 당신의 남편을 사랑하라. 부부 간의 정서적, 영적, 성적인 관계가 냉랭해지도록 그냥 두지 말라.

당신이 젊은 아빠로서 떳떳치 못한 상황에 빠져들고 있거나 아내를 멀리하며 한눈을 팔기 시작하고 있다면, 어느 날 퇴근하여 자녀들의 방을 살짝 들여다 보라. 그 작은 몸뚱이들이 얼마나 연약한지 생각해 보고 거기에 백을 곱하여 그들의 정서적인 연약함까지 확실히 느껴 보라. 그러면 당신의 행동이 자녀들의 전체적인 행복에 얼마나 위험한 것인지 좀 더 알게 될 것이다. 결혼생활을 끝장낸다면 당신은 그 아이들에게 처참한 상처를 입히는 것이다.

부디 결혼생활이 죽도록 그냥 두지 말라. 미지근해지게도 하지 말

라. 물론 모든 부부관계는 어렵고 외로운 시기들을 지나게 마련이다. 그것은 당신이 막을 수 없는 일이다. 그러나 당신의 입에서 이혼이라는 말만은 절대로 하지 말라. 대부분의 경우 이혼은 해결책이 못된다. 이혼은 가정에 가장 큰 문제를 야기하며 수많은 다른 상처와 시련들로 이어진다.

어쨌든 이제는 인정하자. 이혼은 우리의 자녀들을 처참하게 만든다. 우리는 이 다반사가 되어 버린 상처들을 우리의 자녀들이 당하지 않게 하기 위하여 혼신의 노력을 다해야 할 의무가 있다.

적극적인 사랑으로 자녀의 삶을 추적하라
41

사랑하는 자들아 우리가 서로 사랑하자 사랑은 하나님께 속한 것이니 사랑하는 자마다 하나님으로부터 나서 하나님을 알고 사랑하지 아니하는 자는 하나님을 알지 못하나니 이는 하나님은 사랑이심이라 하나님의 사랑이 우리에게 이렇게 나타난 바 되었으니 하나님이 자기의 독생자를 세상에 보내심은 그로 말미암아 우리를 살리려 하심이라 사랑은 여기 있으니 우리가 하나님을 사랑한 것이 아니요 하나님이 우리를 사랑하사 우리 죄를 속하기 위하여 화목 제물로 그 아들을 보내셨음이라 사랑하는 자들아 하나님이 이같이 우리를 사랑하셨은즉 우리도 서로 사랑하는 것이 마땅하도다 어느 때나 하나님을 본 사람이 없으되 만일 우리가 서로 사랑하면 하나님이 우리 안에 거하시고 그의 사랑이 우리 안에 온전히 이루어지느니라

요한일서 4장 7~12절

"오늘 하루 어땠어?"

"좋았어요."

"뭐 중요한 일이라도 있었니?"

"별로요."

온 나라 방방곡곡의 자동차와 부엌에서 비슷한 대화가 날마다 오고간다. 우리 중에 많은 사람들(특히 너무 쉽게 포기하는 사람들)이 모르고 있는 것이 있다. 자녀의 삶을 추적할 때 우리는 우리를 향한 하늘 아버지의 사랑을 본보이는 것이다. 나는 우리 아이들에게 묵인하거나 참아 주는 아빠로 인식되고 싶지 않다. 나는 그들에게 자기들의 삶에 관심 있는 아빠로 기억되고 싶다. 하나님이 나를 사랑하신 사랑이 본래 그런 것이기 때문이기도 하다.

"우리가 사랑함은 그가 먼저 우리를 사랑하셨음이라"(요일 4:19).

우리가 아직 죄 중에 있을 때 하나님은 우리를 추적하셨다(롬 5:8, 10). 주도적으로 애써 찾아 나서셨다.

"하나님의 사랑이 우리에게 이렇게 나타난 바 되었으니 하나님이 자기의 독생자를 세상에 보내심은 그로 말미암아 우리를 살리려 하심이라"(요일 4:9).

이러한 주도적인 사랑의 개념이 없다면 자녀 양육은 부모로서 '하지 않는 일'들로 전락하기 쉽다. "나는 아이들을 때리지 않는다, 나는 아이들에게 고함을 지르지 않는다, 나는 술 취하여 집에 들어오지 않는다, 나는 아이들 앞에서 욕하지 않는다"는 식으로 말이다.

그러나 사랑의 작용 원리는 그보다 훨씬 더 적극적이다. 사랑은 긴 포옹이다. 사랑은 시간을 내서 걷는 것이다. 사랑은 상대방을 찾는 것이다. 사랑은 공세를 취하는 것이다. 사랑은 행동으로 나타난다.

"그가 우리를 위하여 목숨을 버리셨으니 우리가 이로써 사랑을 알고 우리도 형제들을 위하여 목숨을 버리는 것이 마땅하니라"(요일 3:16).

개인적으로 이것은 나에게 가장 큰 도전들 중의 하나다. 평소에 나는 아주 바쁘다. 우리 가정에도 처리해야 할 실제적인 일들이 아주 많다. 전구를 갈아 끼우고 융자금을 상환하고 우유를 사고 자동차 오일을 교환하고 저녁식사를 준비하고 빨래도 해야 한다. 조심하지 않으면 가정의 궁극적인 목적이 이런 일들에 묻혀 버릴 수 있다. 그러다 퍼뜩 깨닫는 날들이 있다.

"아차, 고등학생인 딸아이가 어떤 심정으로 학교 복도를 지나고 있을지 내가 전혀 모르고 있잖아. 지금 현재 아들의 가장 큰 영적인 고충이 무엇인지도 깜깜하고, 요즘 켈시가 묵상 시간에 무엇을 하고 있는지, 아니 그 시간을 갖고나 있는 건지 통 모르겠는걸."

이렇게 나는 서서히 관심이 시들해진다. 무슨 신호도 없고 결정적인 전환점도 없다. 점차 개입이 줄어들 뿐이다. 그러다 어느 날 문득 내가 아이들의 삶과 동떨어져 있음을 깨닫게 된다. 자녀들의 삶을 추

적하지 않으면 나는 참으로 그들을 양육하는 것이 아니다. 그저 먹여 주고 재워 주는 것뿐이다. 자녀들에게 조언해 주고 그들을 즐거워하고 그들을 위하여 기도하지 않는다면 나는 아버지라기보다 감시원에 가깝다.

아이들의 가장 큰 두려움, 대인관계의 가장 큰 고충, 요즘의 하나님과의 관계를 모르고서야 내가 어떻게 기도할 수 있겠는가? 이런 이슈들은 우리가 아이들을 추적하지 않는 한 대개 저절로 나오지 않는다. 단순히 스포츠 행사에 참석하거나 아이가 제일 좋아하는 색깔이나 피자 종류를 아는 것만으로 부족하다. 온전한 자녀 양육이 되려면 우리가 아이들의 일상생활이라는 영적인 현실 속으로 파고들어가야 한다.

결혼생활을 위대한 여정이라 한다면, 자녀 양육은 '위대한 추적'이라 할 수 있다. 그것은 관심과 노력과 주도적인 행동을 요하는 사랑의 사명이다. 이것이 하나님께서 우리를 사랑하시는 방식이며 또한 우리가 자녀들을 사랑해야 할 방식이다.

당신은 자녀들의 신앙생활에 관한 기본적인 질문들에 답할 수 있는가? 그들이 지금 느끼는 거센 유혹과 직면해 있는 두려움이 무엇인지 알고 있는가? 이번 한 주간 동안 알아보면 어떨까? 이번 주에는 하나님이 우리를 추적하실 때 보여 주시는 그 끈질긴 일편단심으로 우리의 자녀들을 추적해 보자.

예수님을 가리켜 보이는 삶을 살라
42

[목자들이] 빨리 가서 마리아와 요셉과 구유에 누인 아기를 찾아서 보고 천사가 자기들에게 이 아기에 대하여 말한 것을 전하니 듣는 자가 다 목자들이 그들에게 말한 것들을 놀랍게 여기되

누가복음 2장 16~18절

이어지는 춤마다 청중들의 시선을 갓 태어난 아기 예수께로 돌려놓는 크리스마스 공연을 보면서 나는 감동하여 눈물이 핑 돌았다. 춤을 춘 아이들은(그중에 나의 두 딸도 있었다) 예쁘고 우아하고 재주가 뛰어났지만 그들의 가장 의미 깊은 행위는 막판에 나왔다. 몸동작과 무대 조명을 통하여 그들이 만인의 시선을 자기들에게서 말구유 쪽으로, 즉

예수님 쪽으로 돌려놓았던 것이다.

멋진 마무리였다. 크리스마스는 1년에 한 번 뿐이지만 핵심을 찌른 그 진리는 매일 매순간 우리 마음속에 사무쳐야 한다. 우리는 다른 사람들에게 예수님을 가리켜 보이기 위하여 살고 있다.

다른 사람들에게 예수님을 가리켜 보이기 위하여 산다는 이 목표는 영적인 자녀 양육의 개념에 필수적인 것이다. 자녀 양육이 내 편의, 내 만족, 내 행복, 내 삶의 기쁨 등 나 중심이 된다면 나는 대가(代價)와 내게 돌아올 유익을 늘 비교할 것이다. 그러나 내가 다른 사람들에게 예수님을 가리켜 보이기 위하여 산다면 나의 희생은 그들을 제자리로 인도하는 붉은색 주단이 된다. 그 어느 곳보다 거기야말로 내가 그들이 가 있기를 바라는 자리가 아니던가.

예수님 외에는 아무것도 중요하지 않게 될 그 영광의 날은 올 것이다. 용서하고 용서받는 일, 그것도 다 끝날 것이다. 욕심을 자제하며 충성된 청지기로서 하나님이 주신 자원을 관리하는 일, 그것도 옛일이 될 것이다. 각종 청구서를 납부하고, 병원과 치과에 다니는 일정을 짜고, 스포츠 시합과 학교 행사에 참석하는 일, 그것도 역사 속으로 사라질 것이다. 모든 것을 삼켜 버릴 한순간에, 역사상 이 땅에 살았던 모든 인간의 모든 시선은 눈부신 하나님의 영광에 고정될 것이다.

다른 사람들에게 예수님을 가리켜 보이는 것은 우리가 추구해야 할 자녀 양육의 지배 원리요 동기다. 자녀들의 활동, 교우 관계, 우리의 거주 지역, 이사 가능성, 자녀들의 자유 시간 활용, 교육 방법 등을 생각할 때 우리의 근본적인 이슈는 이 결정이 2천년 전에 베들레헴에서 태어나신 그 아기와 우리 자녀와의 관계에 궁극적으로 어떤 영향을 미칠 것인가 하는 것이다.

물론 딸이 집을 떠나서 국제적으로 명성 있는 강사에게 훈련을 받으면 체조 선수로서 기량이 향상될 수 있다. 하지만 이 일은 주님을 향한 딸의 사랑과 주님 안에서의 훈련에 어떤 영향을 미칠 것인가? 어떤 학교에 가면 일정한 교육적인 이점들이 있을 것이다. 하지만 그것은 예수님을 뜨겁게 사모하는 심령을 빚는 일에 어떤 영향을 줄 것인가?

이 목적은 우리의 자녀 양육 방식에 영향을 줄 뿐 아니라 우리 자신의 희생도 새로운 시각으로 보게 해 준다. 나는 하루에 열두 번도 더 이 초점을 놓칠 수 있다. 그러나 나는 감추고 다른 사람들에게 예수님을 가리켜 보인다는 이 비전이 나를 이끌 때, 다른 것들은 보이지 않을 정도로 그 비전이 나를 사로잡을 때, 분명 나는 훨씬 나은 부모가 된다. 나 자신의 희생? 십자가에 비하면 그것은 아무것도 아니다. 재정적인 대가? 천국의 가치를 생각해 보라. 내 시간을 요하는 또 하나의 일? 하지만 영원이라는 시간이 나를 기다리고 있다!

그러나 이 비전이 없다면 나는 30분간 텔레비전 시청을 포기하면서도 순교자처럼 행세할 수 있다. 새 골프채 세트의 구입을 뒤로 미루면서 마치 나의 전 재산을 가난한 사람들에게 바치는 것과 똑같이 여길 수 있다. 이것저것 심부름을 다니는 바쁜 하루를 마치 내 인생의 절반처럼 부풀릴 수 있다.

오늘 우리는 우리의 머리, 마음, 생각, 영혼, 즉 우리의 전 존재를 그 어린 아기 예수님 쪽으로 돌리자. 그분은 장성하여 자신을 구주와 왕으로 계시하신 분이다. 우리의 자녀들은 다른 사람들에게 그분을 가리켜 보이는 삶을 살고 있는가? 부모인 우리들은 다른 사람들에게 그분을 가리켜 보이는 삶을 살고 있는가? 우리의 가정은 이기적인 목표와 이기적인 야망으로 궤도를 벗어나 있지는 않은가?

나는 우리 아이들에게 "우리의 이야기는 그분의 이야기 위에 선다"고 말하곤 한다. 우리의 가정생활은 우리를 사랑하시는 예수님을 위하여 있는 것이다. 궁극적인 차원에서 우리는 중요하지 않다. 이 자아실현의 시대에 혹독한 말처럼 들릴지 모르지만 사실은 사실이다. 내가 아예 존재하지 않았다고 해도 이 세상은 실질적으로 달라지지 않을 것이다. 그러나 예수님은 모든 것이다. 그분이 없이는 아무것도 없다. 그분은 영원의 구심점이며, 우리의 사명은 그분이 주신 작은 빛을 똑바로 쳐들어서 그분의 차고 넘치는 영광을 비추는 것이다.

자녀를 기른다는 것은 하나님의 영광, 즉 그분의 가치와 기이함과 위엄을 선포하는 것이다. 당신의 가정은 다른 사람들에게 그분을 가리켜 보이는 일에 중점을 두고 있는가?

불멸의 존재를 존귀하게 기르라
43

내가 진실로 진실로 너희에게 이르노니 나를 믿는 자는 내가 하는 일을 그도 할 것이요 또한 그보다 큰 일도 하리니 이는 내가 아버지께로 감이라

요한복음 14장 12절

예로부터 유태인 어머니들은 자녀의 출산을 애타게 고대했다. 모든 어머니에게 "이 사내아이가 자라서 메시아가 될 것인가?" 혹은 "이 딸이 장차 기름부음 받은 자의 어미가 될 것인가?"라는 질문이 있었기 때문이다.

이제 그리스도인들은 그 두 질문이 확실히 응답되었음을 알지만,

지금도 하나님이 허락하신 모든 출생은 우리들 대부분이 아는 것보다 훨씬 엄청난 약속으로 충만하다. 영국의 한 유명한 교장은 학생들 앞에서 모자를 벗는 습관으로 유명해졌다. 주위에서 이유를 묻자 그는 "어떤 아이가 자라서 장차 수상이 될지 모르는 일이지 않습니까!"라고 대답했다.

이 원리는 정치적으로보다 영적으로 더 사실이다. 예수님은 자신의 죽음과 떠남에 대하여 제자들을 준비시키는 과정에서 너무도 놀라운 말씀을 하셨다.

"내가 진실로 진실로 너희에게 이르노니 나를 믿는 자는 내가 하는 일을 그도 할 것이요 또한 그보다 큰 일도 하리니 이는 내가 아버지께로 감이라"(요 14:12).

나의 아들은 메시아가 아니다. 나의 두 딸도 기름부음 받은 자를 낳지는 않을 것이다. 그러나 메시아의 말씀에 따르면 그들은 셋 다 메시아가 하신 것보다 더 큰 일들을 할 수 있다. 메시아께서 성령을 보내셔서 그들을 인도하시고 능력을 입혀 주시기 때문이다.

침을 질질 흘리는 아기, 옷에 스파게티 소스를 묻히고 다니는 걸음마쟁이, 닷새째 양말을 갈아 신지 않은 사춘기 직전의 아이, '점 잇기' 놀이를 해도 될 만큼 얼굴에 여드름이 만발한 사춘기 아이를 볼 때 우리가 쉽사리 망각하는 것이 있다. C. S. 루이스의 표현대로 우리가 불멸의 존재들을 기르고 있다는 사실이다. 그들은 영원에 영향을 미칠 수 있고 상상할 수 없는 영광과 아름다움 속에 영원히 살게 될 고귀한 존재들이다.

루이스는 이렇게 설명한다.

> 중요하게 … 잊지 말아야 한다. 당신이 만난 가장 둔하고 가장 재미없는 사람이 언젠가 거룩한 예배 열정을 불러일으키는 인물로 변할 수도 있다. … 바로 그 엄청난 가능성에 비추어서, 그리고 거기에 합당한 두려움과 신중함을 지니고서 우리는 서로와의 모든 관계를, 즉 모든 우정과 모든 사랑과 모든 놀이와 모든 정치를 수행하여야 한다. 보통 사람이란 없다. 당신은 단지 필멸의 인간과 대화한 적이 한번도 없다. 국가와 문화와 예술과 문명, 이런 것들은 필멸이다. 그것들의 삶은 우리의 삶에 비하면 하루살이의 삶에 지나지 않는다. 그러나 우리가 함께 농담을 주고받고 일하고 결혼하고 구박하고 착취하는 사람은 불멸의 존재다.[73]

영원에 비추어 과연 보통 사람이 없을진대 그것은 보통 아기, 보통 걸음마쟁이, 보통 초등학생, 보통 사춘기 아이도 없다는 뜻이다. 당신이 함께 살고 있는 아이는 성령의 감화와 능력만 입으면 메시아께서 하신 것보다 더 큰 일들도 할 수 있는 사람이다! 그리고 그 메시아가 다시 오시면 그리하여 당신의 아들딸이 이 땅의 몸을 벗고 불멸의 몸을 입으면 그들은 여태껏 당신이 보았던 어떤 별보다도 가장 밝고 순수하게 빛날 것이다.

우리가 정말로 영원을 믿는다면, 사후의 삶, 즉 그분과 함께 다스리는 삶을 정말로 진지하게 대한다면, 우리의 자녀들을 지금과 같은 시각으로만 볼 수 있을까? 당신은 지금 미래의 왕과 여왕, 불멸의 통치자, 상상을 초월할 정도로 놀라운 잠재력과 가치를 지닌 존재를 기르고 있는 것이다. 히브리서 11장 23절을 보면 모세의 부모는 모세가 태어났을 때 "아름다운 아이임을 보고"(보통 아이가 아님을 보고, NIV) 석 달 동안 숨겼다. 모든 부모는 자신이 '보통 아이가 아닌' 아이를 기르고 있음을 인식해야 한다. 우리는 미래의 불멸의 존재를 기르고 있는 것이다!

자녀들의 방에 들어갈 때 모자를 벗는 대신 자신이 거룩한 땅에 서 있음을 기억하고 신발을 벗는다면 우리의 태도와 시각과 우리의 가정이 얼마나 달라질까. 하나님께 택함받고 자원까지 공급받고 있는 한 인간의 고매한 소명을 생각해 보라.

당신의 가정은 단지 집 이상이다. 천국의 눈으로 보면 그곳은 불멸의 존재들의 성전이며 거룩하고 신성한 곳이다.

아이처럼 겸손히 듣고 묻고 구하라
44

지혜 있는 자가 어디 있느냐 선비가 어디 있느냐 이 세대에 변론가가 어디 있느냐 하나님께서 이 세상의 지혜를 미련하게 하신 것이 아니냐 … 하나님의 어리석음이 사람보다 지혜롭고 하나님의 약하심이 사람보다 강하니라

고린도전서 1장 20, 25절

당신은 자녀 양육에 요구되는 일들과 고난이도의 기술들 때문에 엄두가 안 났던 적이 있는가? 있기를 바란다.

요한 크리스토프 아놀드는 "하나님의 은혜 앞에 아이처럼 서는 어른만이 아이를 기르기에 합당하다"[74]고 썼다.

하나님의 가장 기발한 아이러니 중의 하나는 아이를 어른으로 기르

는 과정을 통하여 어른을 좀 더 아이처럼 되게 하신다는 것이다. 하나님 나라에 들어가려면 어린아이처럼 되어야 한다고 하신 예수님의 말씀을 잊지 말라. 아이들은 엄두를 못 낼 때가 많지만, 우리 어른들은 교만하여서 자기가 다 안다고 생각하기 시작한다. 그러다가 하나님이 자비로 아이들을 보내 주시면, 그제야 우리에게 지혜와 성품과 인내심과 이해심과 경건함이 얼마나 부족한지를 깨닫게 된다.

　어린아이들은 물을 마시고 싶을 때, 무엇을 먹고 싶을 때, 잠자리에서 일어나고 싶을 때, 게임을 하고 싶을 때 부모에게 물어 본다. 그들은 항상 묻는다. 그렇지 않은가? 하나님은 우리도 그렇게 묻기를 원하신다. 그분은 우리가 의존하고 의지하는 것을 즐거워하시고 기쁘게 받으신다.

　노련한 영적 스승들이 아는 바와 같이, 믿음에 심취한 새 신자의 열심이 종종 믿음의 교만으로 변하는 시기가 있다. 처음에 우리는 기독교의 모든 것이 엄두가 안 난다, 그러다 어느 날 불현듯이 우리가 다 안다는 생각, 남들도 다 우리를 따라와야 한다는 생각이 든다. 그러나 우리는 이 교만을 지나서 보다 성숙한 성품으로 나아가야 한다. 바울은 그것을 이렇게 표현했다.

　"형제들아 내가 너희에게 나아가 하나님의 증거를 전할 때에 말과 지혜의 아름다운 것으로 아니하였나니 내가 너희 중에서 예수 그리스도와 그가 십자가에 못 박히신 것 외에는 아무 것도 알지 아니하기로 작정하였음이라 내가 너희 가운데 거할 때에 약하고 두려워하고 심히 떨었노라"(고전 2:1~3).

우리는 자녀들을 통하여 성숙해지되 그러기 위하여 우선 한두 눈금 아래로 내려가자. 겸손해지면, 하나님의 능력과 하나님의 지혜와 하나님의 인내와 하나님의 인도와 하나님의 공급의 필요성을 떠올리게 되면, 우리 힘으로는 감당할 수 없음을 알게 되면, 그것이 우리를 영적으로 풍성하게 해 준다. 우리의 자연적인 능력의 난간 밖으로 밀려나 하나님의 능력의 초자연적인 공급 속으로 떨어질 때 우리는 그리스도인으로서 한 바퀴를 돌아 다시 제자리로 온다.

"내 말과 내 전도함이 설득력 있는 지혜의 말로 하지 아니하고 다만 성령의 나타나심과 능력으로 하여 너희 믿음이 사람의 지혜에 있지 아니하고 다만 하나님의 능력에 있게 하려 하였노라"(고전 2:4~5).

우리 인간의 본능적인 자존심은 자기가 다 안다는 사고방식과 독립심으로 우리를 몰아넣는다. 이번 주에는 하나님이 당신의 자녀들을 사용하여 당신이 겸손히 듣고 묻고 구하는 사람이 되어가는 과정으로 되돌려 놓으시도록 잠자코 있자. 하나님의 공급이 없으면 우리에게 소망이 없음을 자녀 양육의 끝없는 일들을 통하여 떠올리도록 하자. 우리는 우리 자신의 지혜를 그분의 지혜로 바꿀 필요가 있다.

당신은 혹 교만해졌는가? 독립적으로 행하고 있는가? 하나님의 채우시는 능력과 뛰어나신 지혜를 솔직하고 진지하게 구하지 않고서 꼬

박 하루나 아예 일주일 내내 지낼 때가 있는가? 당신이 마지막으로 주님 앞에 엎드려 이렇게 고백한 것은 언제인가?

"주님이 아니시면 저는 이 아이들에게 아무것도 줄 것이 없습니다."

기억나지 않는다면 오늘부터 시작해 보자.

책임감 있는 진정한 행복을 추구하라
45

내가 여러 번 너희에게 말하였거니와 이제도 눈물을 흘리며 말하노니 여러 사람들이 그리스도의 십자가의 원수로 행하느니라 그들의 마침은 멸망이요 그들의 신은 배요 그 영광은 그들의 부끄러움에 있고 땅의 일을 생각하는 자라

빌립보서 3장 18~19절

나는 '하나님이 계획하신 결혼은 우리를 행복하게 하기보다 거룩하게 하시기 위한 것'이라고 생각한다. 나는 행복 반대론자도 아니고, 행복과 거룩함이 상호배타적인 것이라고 생각하지도 않는다. 나는 우리 자녀들이 장차 결혼생활에서 행복하기를 더없이 원한다. 그러나 우리 문화는 행복을 그 본래의 의미와 갈라놓았고 행복 본연의 고결

함을 벗겨냈다. 그리하여 행복은 전혀 새롭고 이질적인 뜻으로 변질되기에 이르렀다.

무엇이 한 사람을 행복하게 하는지를 보면 그 사람의 영적인 건강을 대략 가늠할 수 있다. 최근에 나는 행복에 대한 아주 서글픈 글을 읽었다. 어느 뛰어난 운동선수가 이혼 후에 또 다른 유명인사와 결합했다. 그는 자식들이 보고 싶다고 시인하면서도 기자에게 이렇게 말했다.

"나는 지금 매우 기분 좋고 행복합니다. 이렇게 행복해 본 적이 없습니다."

나도 이해를 못하는 것은 아니다. 결혼이 파경을 맞으면 그간의 많은 쓰라린 고통의 순간들이 드디어 종결된다. 그 압박감에서 벗어나는 것만으로도 10년은 젊어진 기분이 들 수 있다. 솔직히 우리들도 대부분 그만두고 다시 시작하고 싶은 유혹을 느낀 적이 있고, 과거의 짐과 현재의 압박감에서 벗어나기를 갈망한 적이 있을 것이다.

그러나 흔히 간과되는 것은 남겨진 사람들의 행복이다. 다른 사람들의 불행 위에 나의 행복을 쌓는다면 그것이 정말로 진정한 행복인가? 아내와 나는 나중에 그 운동선수의 전 아내가 쓴 기사를 읽었는데 거기서 배어나는 비애감에 가슴이 아팠다.

그때 내가 깨달은 것이 있다. 우리가 자의적으로 자녀들을 떠나면서 행복해질 수 있다면, 정서적, 재정적, 영적으로 자신에게 의존하는 여자를 버리면서 행복해질 수 있다면, 그것은 부끄러운 일이다! 정말이지 창피한 일이다!

나의 결혼생활이 파국을 맞았다고 하자. 절대로 있어서는 안 될 일이지만 이야기의 전개상 그렇게 되었다고 하자. 만일 그렇다면 나는 내 심정이 비참하기를 바란다. 자녀들과 헤어진 고통이 너무나 커서 천국과 지옥을 움직여서라도 우리 가정을 다시 결합시키고 싶어지기를 바란다.

만일 그렇지 않고도 내가 행복하다면 나는 자신이 부끄러워질 것이다. "나는 너희들과 너희 엄마랑 함께 살던 때보다 이 새 여자하고 사는 지금이 더 행복하다"는 말로 아이들의 뺨을 올려치는 것을 나는 상상조차 할 수 없다. 그 아버지는 지금 이 순간 자기 자녀들의 심정이 어떤지 알고나 있는가? "이렇게 행복해 본 적은 없다"는 그의 말을 자식들이 듣고 있다. 자신이 자녀들의 가정을 파탄 내는 일에 주도자였음을 알고도 행복할 수 있다면 그것만으로도 영적인 중심이 파멸되었다는 증거가 되기에 충분할 것이다.

행복은 나쁜 것이 아니라 복된 것이다. 행복은 우리가 피하여 달아나거나 부끄러워해야 할 것이 아니다. 그러나 남자고 여자고 자기 가정을 깨뜨림으로써 더 행복해졌다면 내 생각에 그들이 경험하고 있는 것은 진짜 '행복'이 아니다. 나는 그들이 전혀 다른 무언가에 조종당하고 있다는 냉소적인 말까지도 던지고 싶지만 그렇게는 하지 않겠다.

분명히 그들의 행동은 그들이 장기적인 기쁨과 생의 의미보다 단기적인 도취감을 더 중시한다는 표시다. 그들은 책임과 충절과 신실함을 다할 때 오는 내면의 만족보다 일순간의 낙을 더 우위에 두고 있다.

하지만 행복이 정말로 당신이 함께 역사(歷史)를 이루어 왔고 함께 자녀들을 길러온 배우자를 떠나서, 아직 안 지 1년도 안 되는 사람과 합하는 데서 온다면 그것은 가짜라고 말하고 싶다.

진정한 행복은 무엇인가?

자녀들이 자주 싸우고 심지어 서로에 대하여 불평을 늘어놓을지라도 정작 역경이 닥쳐오면 그들이 서로의 가장 큰 후원자로 남으리라는 것을 아는 것이다. 비록 내가 아내를 실망시키고 아내에게 반복해서 죄를 짓더라도, 비록 내가 때로 아내의 존재를 당연시하며 아내에게 합당한 배려를 충분히 베풀지 않아도, 아내가 여전히 나의 퇴근을 고대한다는 것을 내가 아는 것이다.

또한 우리 자녀들이 주님 안에서 자라고 있고 자신의 삶에 대한 하나님의 자리와 소명을 탐색하고 다른 사람들을 도와주려고 노력하고 있음을 아는 것이다.

비록 우리 삶의 이야기가 늘 쉽거나 즐거운 것은 아니어도 여전히 끝나지 않은 이야기임을, 즉 우리 다섯 식구가 서로에게 헌신하며 지금까지 함께 동고동락해 왔고, 가끔씩 서로에게 죄를 짓고는 용서를 구하고, 아침이면 한 집에서 깨어나고, 서로를 위하여 기도하고, 함께 하나님을 구하고, 하나의 역사를 이루어 가고 있음을 아는 것이다.

바라건대 그것은 우리에게 안전과 평안과 위로와 기쁨을 가져다 줄 뿐 아니라 하나님을 영화롭게 하는 역사가 될 것이다.

이것이 내가 말하는 행복이다.

협력자이신 하나님의 음성을 들으라
46

보라 산들을 지으며 바람을 창조하며 자기 뜻을 사람에게 보이며 아침을 어둡게 하며 땅의 높은 데를 밟는 이는 그의 이름이 만군의 하나님 여호와시니라

아모스 4장 13절

하나님이 우리 자녀들의 삶 속에 얼마나 적극적으로 개입하시는지 한걸음 물러나 생각해 본 적이 있는가? 우선 하나님은 우리가 아이들의 존재를 알기 전부터 그들에게 다가오셨다. 우리 눈으로 자녀들을 보기도 전에 하나님은 그들을 부르셨다. 누가복음을 보면 세례 요한이 모태로부터 성령의 충만함을 입었다고 되어 있다(눅 1:15).

우리 자녀들이 엄마 뱃속에 있을 때부터 하나님은 그들을 추적하신다. 그들이 말할 줄을 알기도 전부터 그들을 영혼의 본향으로 부르기 시작하신다. 그분은 열심히 그들의 유익을 도모하시고 애타게 그들의 구원을 계획하시며 항시 너그럽게 그들을 살펴 주시고 지켜 주신다. 부모인 우리들은 이 지속되는 현실과 협력하면서 거기서 유익을 누릴 수 있다.

우리 아들 그레이엄은 여러 모로 재능이 많다. 그레이엄은 어렸을 때부터 영적으로 민감했고 지력(智力)도 나보다 훨씬 뛰어났다. 그러나 안타깝게도 여태껏 살아오는 동안 늘 비염, 천식, 알레르기 문제들로 고생해 왔다. 최근에는 아주 심한 호흡 발작을 일으키기도 해서, 그 막혀 있는 기관(器官)들을 뚫기 위해 여러 종류의 치료를 받아 왔다. 아들은 끝도 없는 싸움을 싸우느라 지쳐가고 있었다.

어느 날 아침 기도하는 중에 나는 하나님의 인도하심을 강하게 느꼈다. 하나님은 자신이 그레이엄에게 주신 많은 복들을 내가 아들에게 말해 주기를 원하셨다. 그는 학업 능력도 정말 탁월하고, 훌륭한 운동선수이며, 섬세하며 셀 수 없이 많은 장점을 가지고 있다. 그런데 하나님은 또한 그에게 이런 어려움도 허용하셨다.

그레이엄은 바른 시각을 잃지 않고서 어려움과 축복을 둘 다 수용하는 법을 배울 필요가 있다. 하나님은 그레이엄의 삶의 주인이시다. 그분이 어련히 알아서 하실까. 그분이 무심해서 어려움을 허용하시는 것이 아니다. 나는 그레이엄에게 그것을 일깨워 줄 필요가 있었다. 그렇지 않으면 그는 이 짐을 감당하는 데 시각의 균형을 잃고 원망을 품을 수 있기 때문이다.

대화 후에 그레이엄이 말했다.

"저에게 정말 두려운 성경구절이 뭔지 아세요?"

"뭔데?"

"'많이 맡은 자에게는 많이 달라 할 것'이라는 그 말씀이에요(눅 12:48 참조). 부모님도 그렇고 아주 어려서부터 하나님을 알게 하신 것도 그렇고, 하나님이 저에게 주신 모든 것들을 생각하면 정말 와! 하게 되거든요."

자신의 시련에 대하여 원망을 품기보다 그레이엄은 자신을 향한 하나님의 선하심에 갑자기 가슴이 뭉클해졌고 자신이 신실하게 반응해야 한다는 인식으로 충만해졌던 것이다!

감사하게도 이것은 하나님이 우리의 자녀 양육에 아주 적극적으로 개입하시는 방식의 한 예에 지나지 않는다. 그분은 우리 자녀들의 마음속을 투시하신다. 하나님은 그들의 은밀한 두려움, 말없는 고충, 숨은 꿈까지 우리에게 보여 주신다. 나는 하나님의 간섭하심이 없는 자녀 양육을 상상할 수 없다. 상황을 대충 어림짐작하는 것이 아니라 정확한 정보가 담긴 하나님의 음성을 듣는 유익을 누린다는 것은 정말로 큰 복이다. 그분은 나의 자녀들을 그들 자신보다도 더 잘 아시는 분이다. 제자들이 마가복음 16장 20절에 경험한 대로 '주께서 함께 역사하시는 삶을 산다는 것은 정말 박진감 넘치는 일이다.

우리의 자녀 양육을 정말 그리스도인답게 하는 것은 이것이다. 즉 우리는 듣되 자녀들의 말만 듣는 것이 아니라 하나님의 음성을 듣는 것이다. 지금도 일부 그리스도인들은 경청의 훈련에 불안을 느낀다. 그것이 오용될 수 있고 실제로 오용되어 왔기 때문이다. 나는 추가 계시를 믿지 않는다. 하나님은 나에게 여태껏 교회가 듣지 못한 새로운 교리를 주시지는 않을 것이다. 그러나 그분은 이미 우리에게 있는 계시를 적용하도록 자주자주 나를 도와주신다. 그분은 나에게 아내와 자녀들을 사랑할 의욕을 주신다. 그리고 절대적인 권위의 진리인 그분의 말씀에 근거하여 좀 더 지혜로운 결정을 내리도록 나를 도와주신다.

하나님의 음성이 나에게 날마다 그렇게 들리는 것은 아니다. 듣고 싶다고 구할 때마다 들려오는 것도 아니다. 그러나 그분 앞에 있으면 몇 달이 지나는 동안 나의 자녀들을 하나씩(그리고 아내를) 그때그때 마음속에 떠오르게 해 주시는데, 나는 그날 그들을 사랑해야 할 책임감을 느끼게 된다. 그것은 경고일 수도 있고 격려일 수도 있다. 어떤 창의적인 아이디어일 수도 있고 상황을 바라보는 새로운 눈일 수도 있다. 어쨌든 적절한 때에 하나님은 말씀하신다.

나는 입으로는 하나님을 믿는다고 고백하면서 마치 그분이 계시지 않는 것처럼 자녀를 기르거나 마치 그분이 벙어리나 귀머거리인 것처럼 살아갈 마음이 추호도 없다. 전지전능하시고 모든 것을 보시는 하나님, 우리 자녀들이 잘 되는 것에 우리보다 더 마음 쓰시는 하나님, 그분은 우리 자녀들의 영적인 건강을 위하여 노심초사하신다. 그리고 그들을 기르는 일에 우리와 열심히 협력하신다.

그분을 아는 것은 우리의 복이다. 이것을 십분 누리라. 당신의 삶 속에 조용한 시간을 내어 그분의 음성을 들으라. 이른 아침에 하나님의 음성이 가장 잘 들리는 사람도 있고 늦은 밤이 좋은 사람도 있다. 무릎 꿇고 기도해야 하는 사람도 있고 운전 중에 차 안에서 라디오를 끄고 하나님께 주파수를 맞추는 사람도 있다. 그런가 하면 샤워 중에나 밖에서 운동하는 중에 하나님의 음성을 듣고 놀라는 사람도 있다. 밤중에 꿈을 통하여 눈이 뜨이는 경우도 더러 있다.

하나님이 당신에게 어떤 식으로 말씀하시든 잘 들으라. 당신이 지금껏 이런 경험을 해 본 적이 없다면 단순히 이렇게 고백하라.

"하나님, 제가 어떻게 살고 있는지 저도 모르지만 하나님이 저를 지으신 것만은 압니다. 저에게 말씀하시기 원하신다는 것도 압니다. 어떻게든 하셔서 제가 하나님의 음성을 들을 수 있게 해 주십시오."

하나님과의 협력은 부모인 우리에게 필요한 가장 절대적인 도움이다. 이번 주에는 하나님이 당신에게 뭐라고 말씀하실까?

하나님을 바라보고 힘을 얻으라
47

무엇을 가리켜 이르기를 보라 이것이 새 것이라 할 것이 있으랴 우리가 있기 오래 전 세대들에도 이미 있었느니라

전도서 1장 10절

당신이 부모로서 부딪치는 도전들은 5백년 전에 부모들이 부딪친 도전들과 거의 동일하다는 생각을 혹 해 본 적이 있는가? 사회는 마차에서 비행기로, 두루마리에서 이메일로, 옛날의 쓴 맥주에서 스타벅스 커피로 진보하였지만 21세기에도 우리는 여전히 기저귀를 갈아야 하고 여전히 한밤중의 구토와 걸음마쟁이가 떼쓰는 것을 상대해야

한다. 앙앙대는 아기는 5세기 전의 부모에게 그랬던 것처럼 우리의 귀에도 여전히 거슬린다. 그리고 21세기 문화는 부모가 가정에서 하는 본분들을 여전히 경시하며 아예 비웃기까지 한다.

당신이 부모로서 날마다 당하는 고충은 3백 년 전에 독일에서 어떤 여자가 당한 것과 중세시대에 프랑스에서 어떤 남자가 당한 것과 2천 년 전에 이집트에서 어떤 부부가 당한 것과 다르지 않다. 자녀의 미래에 대한 염려, 자녀의 건강과 안전에 대한 불안, 자녀의 형통과 행복을 바라는 애틋한 마음, 가정생활에서 비롯되는 매일매일의 피곤한 가사 따위도 새삼스러운 것이 아니다. 16세기 초에 쓴 마틴 루터의 글이 나에게 그 모든 것을 일깨워 준다.

> 영악한 매춘부인 우리의 본능적인 이성(理性)이(이교도들은 가장 영악해지려고 그 이성을 따랐다) 결혼생활을 보고는 코웃음 치면서 이렇게 말하는 것을 잘 보라. "아, 내가 아기를 달래고 기저귀를 빨고 이부자리를 펴고 아기의 악취를 맡고 아기와 함께 밤늦도록 깨어 있고 아기가 울 때 보살피고 뾰루지와 종기를 치료하고 그것도 모자라 아내를 보살피고 부양하고 생업에 종사하고 이것저것 챙기고 이 일 저 일 하고, 결혼생활에 따라오는 쓰라림과 이 많은 고역을 무엇이든 참아 내야 한단 말인가? 아, 나 스스로 그런 죄수가 되어야 한단 말인가? 이 한심하고 비참한 친구야,

아내를 취하였는가? 그런 비참함과 쓰라림이 싫다, 싫어! 자유의 몸으로 남아 무사태평한 삶을 누리는 편이 낫다."[75]

루터는 가정생활에 대한 역사의(그리고 현 사회의) 조잡한 시각을 예리하게 포착했다. 이 시각은 오늘날 나도는 결혼에 대한 무거운 이미지들과 놀라우리만큼 비슷하지 않은가? 헐리우드는 독신 생활과 부도덕한 로맨스의 미화를 일삼으면서 결혼생활은 괴롭고 지루하며 심지어 영혼을 파괴하는 것으로 그리고 있다. 결혼생활에 충실한 부부와 그 자녀들을 긍정적인 시각으로 그려낸 영화가 얼마나 되는가? 한번은 우리가 또 다른 편부모 영화를 보고 돌아오던 길에 당시에 꽤 어리던 딸 앨리슨이 나를 올려다보며 이렇게 말하던 일이 기억난다.

"우리 집처럼 엄마 아빠가 서로 좋아하고 온 식구들이 서로 원해서 함께 사는 그런 가정에 관한 영화는 왜 한 편도 만들지 않는 거지요?"

세상은 가정생활의 숭고함과 오랫동안 싸워 왔는데 그것은 세상이 하나님과 오랫동안 싸워 왔기 때문이다. 가정은 하나님의 설계이며, 하나님의 창조물, 하나님의 아이디어다. 하나님을 미워하는 세상이 우리들 대부분의 소명인 가정생활이라는 그분의 개념을 비아냥거리는 것은 놀랄 일이 못된다. 루터의 반응을 들어 보라.

그렇다면 기독교 신앙은 여기에 뭐라고 말할 것인가? 기독교 신앉은 눈을 떠서 이 모든 시시하고 싫고 멸시받는 임무들을 성령 안에서 보고, 그 모든 일들이 마치 가장 값비싼 금은 보화로 꾸며지듯이 하나님의 인정으로 꾸며져 있음을 인식한다. 기독교 신앙은 이렇게 말한다. "오 하나님, 저는 하나님이 저를 남자로 지으셨고 제 몸을 통하여 이 아이를 낳으셨음을 확신하기에 또한 이것이 하나님께 온전한 즐거움을 드리는 일임을 확실히 압니다. 저는 제가 이 작은 아기를 안고 어르거나 기저귀를 빨거나 아이와 그 엄마를 돌보는 일을 맡을 자격이 없음을 고백합니다. 그런데 아무 공로도 없는 제가 하나님의 피조물과 하나님의 가장 귀한 뜻을 섬기고 있음을 확신하게 되었으니 이 어인 특권입니까? 이보다 더 시시하고 멸시받는 일들이라 해도 저는 무한한 기쁨으로 감당하겠습니다. 추위도 더위도 고역도 수고도 저를 지치게 하거나 단념시킬 수 없습니다. 이것이 하나님을 즐겁게 하는 일이라는 확신이 있기 때문입니다.[76]

루터는 가정생활을 바로 하나님께서 친히 예술가가 되어 설계하시고 제정하신 제도로 보고 있다. 결혼한 남자와 한 여자 사이의 평생의 언약으로 창조하실 때 하나님은 거기에 수반되는 고역을, 즉 일과 압박감과 스트레스와 갈등을 익히 다 아셨다. 우리가 이 모든 것들에 직면해야 하는 배후에는 분명히 그분의 목적이 있다. 그분은 우리의 창조주, 소유주, 주님이시므로 우리는 그분의 설계를 감사로 겸손히 받아들인다. 우리를 위한 그분의 설계가 결국 우리에게 가장 좋은 것일 수밖에 없음을 우리는 안다. 다시 말해 우리는 기저귀와 함께 수반되는 육체노동과 임무들까지 망라하여 가정생활에 순종해야 한다. 그것이 하나님께서 우리들 대다수를 위하여 설계하신 삶이기 때문이다.

아빠가 기저귀를 갈아 주고 엄마가 아픈 젖가슴을 아기에게 물릴 때 이 부모는 지금 하나님이 그 일을 하도록 자기를 지으신 일, 하나님께 큰 즐거움을 드리는 일, 신실한 그리스도인들이 수천 년 동안 해 온 일을 하고 있는 것이다. 그렇지 않은 사람들이 우리를 조롱하고 비웃어도 그냥 두라! 그것은 우리의 충성된 섬김이 하나님의 얼굴에 웃음을 드리고 그분의 마음에 즐거움을 드릴 때 우리가 치르는 작은 대가일 뿐이다. 이것은 곧 하나님이 창조하신 세상이며, 우리가 그 안에 충실히 살면 마땅히 그분께 큰 기쁨이 된다.

충실한 부모여, 이 말을 들으라. 천국은 당신의 섬김을 기뻐하며 나아가 당신을 계속 응원하고 있다. 그러나 우리는 가족으로 살도록 우리를 부르신 하나님을 안다. 하나님은 우리의 이 거룩한 소명에 즐거움과 목적을 부여하셨다.

하나님은 이 일을 하도록 당신을 지으셨고 당신은 지금 그 일을 하고 있다. 친구여, 하나님을 바라보고 힘을 얻으라.

거룩한 환멸을 통과하여 사랑을 회복하라
48

나의 영혼이 잠잠히 하나님만 바람이여 나의 구원이 그에게서 나오는도다

시편 62편 1절

미시간 주 스프링 레이크의 데이브와 디나 혼 부부에게 다섯 살 된 에마라는 귀염둥이 딸이 있었다. 어느 일요일에 나는 그들의 교회에서 강연을 하고 있었는데 에마는 스무 명의 다른 아이들과 함께 어린이 성가대에서 처음부터 예배를 드렸다.

두 예배의 중간 시간에 나는 2부 예배에서 찬송을 부르려고 줄을

서 있는 에마를 보았다.

"아주 잘하던데, 에마야!"

나는 말했다.

"너희들의 찬송 소리는 정말 최고였어!"

에마는 빙긋 웃더니 한 박자도 놓치지 않고 나에게 물었다.

"2부 예배 때에도 들으실 건가요?"

모든 인간은 인정과 칭찬의 욕구를 가지고 태어난다. 그러므로 부모는 늘 자녀에게 사랑을 표현하고 느끼게 해 주어야 한다.

그런데 사랑받고자 하는 욕구는 간혹 파괴적인 욕심이 되기도 한다. 그 욕구는 특히 사춘기 때 절정에 달한다. 자기 자신이 중심이 되면 아무리 누가 보아 주고 알아 주고 고마워 하고 칭찬해 주어도 절대로 족함이 없고 양이 차지 않는다.

그래서 나는 하나님이 가정생활 고유의 거룩한 환멸을 창조하셨다고 믿는다. 솔직이 우리들 대부분은 어렸을 때 부모의 사랑에 실망을 느낀 적이 있음을 고백할 것이다. 우리가 아무리 훌륭한 부모를 두었다고 해도 오직 하나님만이 하실 수 있는 그런 사랑으로, 자신을 예뻐해 주고 사랑해 주고 귀여워해 주기를 바라는 것이 우리 마음의 욕심이다. 그러나 부모는 죄인인데다 인간의 한계와 방해거리마저 있어 누구라도 그 욕심이 다 채워질 정도로 온전히 사랑할 수는 없다.

실망이 점점 쌓이다가 마침내 사춘기가 되면 드디어 깨닫는다.

"이 두 사람한테서는 내가 원하는 완전한 사랑을 받을 수 없어. 나에게 정말 필요한 것은 영혼의 짝이야. 남자친구(또는 여자친구)라면 내가 정말 받고 싶은 사랑으로 나를 사랑해 줄 거야."

영혼의 짝의 사랑은 한동안 정말 우리의 마음을 만족으로 부풀게 할 수도 있다. 그러나 때가 되면 그 사랑도 부족함이 드러난다. 몇 달이 걸릴 수도 있고 몇 년이 걸릴 수도 있지만 결국은 이성친구도 우리가 정말로 원하는 사랑으로 우리를 사랑해 주지 못한다.

거기서 우리는 거룩한 환멸 과정의 세 번째, 그리고 바라기는 마지막 단계에 이르게 된다. 즉 우리는 이렇게 생각한다.

"아기를 낳자. 그리고 아주 훌륭하고 멋진 부모가 되자. 그러면 그 아이만은 내가 받고 싶은 사랑으로 나를 사랑해 줄 거야."

이 마지막 단계에서는 우리의 방법이 그래도 약간은 덜 이기적이다. 받으려면 주어야 함을 깨달은 것이다. 그러나 핵심을 보면 이것도 역시 자아도취적이고 자기중심적이며 남에게 요구하는 것이다. 그리고 아주 단순한 이유로 여기에도 역시 만족은 없다. 부모가 우리가 원하는 대로 우리를 사랑할 수 없었고 스물 몇 살 된 영혼의 짝이 우리를 우리의 바램대로 사랑해 주지 못하였다면 아기나 걸음마쟁이가 우리를 그렇게 사랑할 수 있으리라고 기대할 수 있는 근거가 도대체 무엇이란 말인가?

내가 믿기로 하나님은 우리가 이 세 단계를 통과하게 두시면서 마침내 우리가 만족과 사랑의 욕구를 하나님께 맡기기를 인내하며 기다리신다. 우리가 부모에게 희망을 걸었다가 결국 실망하는 동안 하나님은 기다리신다. 우리가 로맨틱한 사랑에 희망을 두었다가 결국 좌절하는 동안에도 하나님은 인내하신다. 우리가 자녀와의 정에 희망을 던졌다가 결국 지치게 되는 동안도 물론 하나님은 인내로 우리를 바라보신다. 그 모든 시간 내내 그분은 조용히 이렇게 속삭이시며 우리를 기다리신다.

"네가 찾고 있는 것은 바로 나다. 처음부터 나는 여기 있었다. 너의 희망을 나에게 두거라."

이 거룩한 환멸을 계기로 하나님 쪽으로 돌아서지 않는다면 대개는 대용품의 세계로 돌진하게 된다. 영혼의 짝이라는 사고 노선으로 되돌아가 외도를 궁리할 수도 있다. 아니면 권력, 위신, 명성, 직업적인 성취, 정치적인 대의 등 인간관계가 아닌 것에 자신의 희망을 둘 수 있다.

부모인 우리는 이 처음의 세 고원을 지나왔다. 우리가 딴 데를 두리번거리는 동안 하나님은 인내하셨다. 이제는 우리의 시선을 그분께로 돌리자. 이제는 우리의 즐거움이 그분의 은총에 있음을 깨달을 때다. 우리의 마음은 오직 그분의 사랑으로만 만족을 얻을 수 있다. 우리를 충분히 보아 주지 못하고 충분히 사랑해 주지 못하고 충분히 칭찬해 주지도 충분히 알아 주지도 못하고 충분히 지원해 주지 못하는 부모와 배우자와 자녀를 탓하는 것에서 벗어나 이제 우리 영혼의 만족을 하나님에게서 찾지 않은 것에 대하여 그분께 용서를 구해야 할 때다.

다윗 왕을 생각해 보라. 그의 아버지는 그를 어찌나 무시했던지 사울의 후임자를 뽑을 때 애당초 사무엘 앞에 그를 세우지도 않았다. 그의 아내 미갈은 그를 어찌나 멸시했던지 그를 '방탕한 자'에 견주었을 정도다(삼하 6:20). 그의 아들들은 그를 어찌나 함부로 대했던지 그 중 하나는 부친의 왕위에 도전하여 그를 죽이려고까지 했다. 결국 다윗은 하나님 안에서 안식을 얻었다. 마침내 다윗은 "나의 영혼이 잠잠히 하나님만 바람이여"(시 62:1)라고 고백한다. 또한 자기를 실망시키지 않으신 유일한 분께 자신의 헌신을 아름답게 시적으로 쏟아 놓는다.

"하나님이여 주는 나의 하나님이시라 내가 간절히 주를 찾되 물이 없어 마르고 황폐한 땅에서 내 영혼이 주를 갈망하며 내 육체가 주를 앙모하나이다 … 주의 인자하심이 생명보다 나으므로 내 입술이 주를 찬양할 것이라 … 골수와 기름진 것을 먹음과 같이 나의 영혼이 만족할 것이라 … 주는 나의 도움이 되셨음이라 내가 주의 날개 그늘에서 즐겁게 부르리이다 나의 영혼이 주를 가까이 따르니 주의 오른손이 나를 붙드시거니와"(시 63:1, 3, 5, 7~8).

시편 62편과 63편에 나오는 다윗의 말은 한 만족한 사람의 고백이다. 그는 부모의 인정을 구했으나 무시당했다. 아내의 인정을 구했으나 멸시받았고 아들들의 인정을 구했으나 배신당했다. 결국 그는 하나님의 인정을 구하였고 본인이 '생명보다 낫다'고 표현한 사랑을 발견했다.

이번 주에는 당신이 그간 혹 부모나 배우자나 자녀에게 하나님의 대리자 역할을 요구하지 않았는지 점검해 보라. 당신의 희망과 영혼의 갈구를 다른 죄인들에게 두었던 그 부질없음을 비웃으라. 웃어넘기라. 당신이 받고 싶은 사랑으로 당신을 사랑해 주실 유일한 분께 다윗처럼 당신도 애정을 돌리라. 그러면 당신은 사랑받는 것 대신에 사랑하는 쪽에 집중할 자유와 능력을 얻게 된다. 누구보다도 당신을 더 속속들이 아시고 이해하시는 분이 곧 당신에게 가장 관심이 깊으신 분이고 항상 틀림없이 당신 편이 되어 주실 분이니, 그 즐거움이 당신을 감싸안아 두를 것이다.

당신이 만일 결혼생활에서 하나님이 본래 계획하신 것 이상을 구한다면 당신이 실망하여도 그것은 배우자의 잘못이 아니다. 당신이 만일 부모나 자녀에게 하나님이 계획하신 적이 없는 존재가 되라고 요구한다면 그들이 당신의 기대에 못 미쳐도 그것은 부모나 자녀의 잘못이 아니다.

이번 주에는 우리의 사랑하는 이들을 영적인 고립에서 오는 절망감에서 해방시켜 주자. 그리고 대신에 헌신의 삶을 짓기 시작하자. 그럴 때 우리는 고질적으로 실망하기보다는 사랑하고, 잔소리하기보다는 격려하고, 상대방을 우리의 이상주의적인 기대에 파묻기보다는 오히려 높여 줄 자유를 얻게 된다.

"골수와 기름진 것을 먹음과 같이 내 영혼이 만족할 것이라"고 고백한 다윗의 길을 우리도 걸어가 보자.

우리의 약점을 통해 하나님께로 인도하라
49

그[예수 그리스도]는 흥하여야 하겠고
나는 쇠하여야 하리라

요한복음 3장 30절

여기서 이유를 밝히기는 곤란하지만 나는 평생 동안 내 몸의 노출을 지나치게 꺼려 왔다. 나는 웃통을 벗으면 도무지 편하지가 않다. 오죽하면 우리 가족들도 내가 어쩌다 윗옷을 벗고 있으면 깜짝 놀라서 다시 보겠는가. 하와이 해변에서 휴가를 보내던 때가 생각난다. 내가 윗옷을 벗었더니 우리 막내딸이 말했다.

"와, 아빠는 정말 하얘 보여요. 사흘간 고열에 시달린 사람처럼."
"맞아. 죽은 지 일주일 된 사람 같기도 하고."
다른 딸이 거들었다.

우리의 몸이 하나님의 훌륭한 작품이요 그분의 영광을 위한 창조물임을 머릿속으로는 안다. 나는 산을 보면서 "하나님의 영광이 여기 있다"고 말하는 것처럼 거울을 보면서도 똑같이 말할 수 있어야 한다. 그러나 나는 그리하지 못한다.

이렇게 지나치게 몸 보이기를 삼가는 경향이 우리 아들에게도 일부 나타나고 있음을 어느 날 리자가 보았다. 오해하지는 말라. 성경적으로 몸을 노출하는 것을 삼가는 것은 훌륭한 일이지만 부끄러움은 그렇지 못하다. 리자는 비판하려는 의도 없이 나에게 아들의 일을 들려주었다.

"누굴 닮아 그런 건지 알 만하지 않아요?"

내가 아들에게 다른 본을 보일 수 있다면 얼마나 좋으랴만 나는 그럴 수 없다. 그러나 내가 할 수 있는 일이 하나 있다. 나는 아들을 데리고 나가 치즈스테이크 샌드위치와 감자튀김과 콜라만 있고 야채는 전혀 없는 '남자들의 점심식사'를 하면서 대화를 나누었다.

"그레이엄, 예수님이 십자가에 달리신 그림들을 너도 본 적 있지?"
"예, 아빠."
"역사적으로 아주 정확한 그림들은 아니야."

"무슨 말씀이세요?"

"로마인들은 죄인을 십자가에 달 때 완전히 발가벗겼단다."

그레이엄은 깜짝 놀랐다. 내가 무슨 이야기를 하려 하는지 그레이엄도 느끼고 있었다. 나는 말을 이었다.

"그들이 예수님을 특별 대우한 것이 아니라면 그분의 옷도 다 벗겼을 거야. 어쩌면 그분을 특별히 대했을 수도 있겠지, 성경에는 그런 말이 없지만 말이야. 하지만 만일 그렇지 않았다면 예수님은 자기 어머니와 소수의 여자 제자들, 그리고 그분을 미워하고 엉큼하게 흘깃대고 조롱하는 무리들 앞에 자신의 벌거벗은 모습을 내보이셨을 거야. 너와 나의 가장 큰 두려움일 수 있는 일을 그분은 당하셨어. 우리를 사랑하시기에 우리를 위하여 당하신 거지."

나는 잠시 생각할 시간을 주었다.

"그분이 기꺼이 그렇게 하신 것을 보면 그분이 너를 얼마나 사랑하시는지 알 수 있지 않겠니? 행여 그분의 사랑에 의심이 들거든 십자가를 생각하렴."

어느 날 나는 그레이엄이 장성하면 나에게 실망하겠다는 생각이 퍼뜩 들었다. 젊은 아빠로서 아픈 깨달음이었다. 그 아이가 걸음마쟁이였을 때만 해도 나는 아들의 눈에 아주 대단한 존재였다. 최근에도 나는 그가 제일 친한 친구에게 이렇게 말하는 것을 들었다.

"거봐, 우리 아빠는 거룩한 사람이라고 내가 그랬잖아."

그러나 나는 타락한 사람이다. 최근에 리자가 차에서 내리면서 나에게 뭐라고 했다. 나는 비꼬듯이 되받았다. 그냥 가벼운 농담으로 아내를 놀린 것인데 그레이엄의 입에서 이런 말이 나왔다. "세상에!" 평소에 엄마한테 그렇게 말하지 않는 아빠였으니 그 일이 그에게 충격이 되었던 것이다. 나는 충분히 사과했지만 이미 엎질러진 물이었다. 아들이 이미 내 못난 말을 들어버렸다.

예수님을 본 보이는 방식에 있어서 그레이엄에게 완전한 모범이 되었으면 좋겠지만 날마다 미달이다. 그래서 부모로서 나의 할 일의 일부는 나에 대한 실망을 소화할 수 있도록 아이들을 준비시켜 주는 것이다. 그러려면 그들의 충절을 나에게서 하나님께로 전환시켜 주어야 한다.

"그레이엄, 너도 알다시피 아빠는 몸에 대한 부끄러움이 있다만 너의 주님은 그런 분이 아니셔. 그분은 완전하신 분이시란다."

몸에 대한 나의 부끄러움을 부인하는 대신 나는 그것을 사용하여 그레이엄에게 아빠의 약점과 우리 주님의 강점과 영광을 대비시켜 보여 주고 싶었다. 그레이엄이 나를 거부한다면 내 마음이 상하고 또 상하겠지만 만일 그레이엄이 하나님을 거부한다면 그것은 이루 헤아릴 수 없을 정도로 나를 참담하게 할 것이다.

나는 이렇게 말하고 싶었다.

"그레이엄, 아빠는 너를 실망시킬 수 있지만 하나님은 절대로 그러시지 않는단다. 아빠가 사는 모습 중에서는 너에게 잊혀졌으면 하는 나쁜 모습들도 섞여 있을 거야. 그렇지만 우리 하나님은 온전하시고 늘 동일하시며 실수가 없으시고 실망시키시는 일도 없으시단다."

부모에 대한 실망을 잘 소화하도록 자녀들을 준비시켜 줄 생각을 해 본 적이 있는가? 이 땅의 아버지나 어머니보다 하늘 아버지가 얼마나 더 능하신 분인지 자녀들에게 말해 준 적이 있는가? 그들의 충절을 당신에게서 하나님께로 돌리는 이 불가피한 전환에 시간을 내서 착수한 적이 있는가?

신체적으로 우리는 자녀들이 몸을 잘 간수하도록 훈련시킨다. 양치질도 하고 샤워도 자주 하고 치실도 사용하게 한다. 교육적인 면에서는 자녀들이 고등학교와 혹 대학을 마치도록 훈련시킨다. 운동 면에서는 자녀들이 스스로 선택한 스포츠에서 최고의 기량을 발휘하도록 훈련시킨다. 그렇다면 우리에 대한 불가피한 실망에 자녀들을 영적으로 훈련시켜 주는 것은 어떤가? 이 전환을 그들 스스로 알아서 하도록 남겨둘 까닭이 무엇인가? 부모의 한계를 자녀들이 점점 알게 될수록 그것을 계기로 그들과 하나님과의 관계를 더 굳혀 주면 얼마나 좋을까?

어떤 약점이든 당신의 약점을 취하여 그것을 하나님의 강점과 대비시켜 주라. 우리의 가장 큰 상처가 바로 우리의 자녀들을 그리스도께로 인도하는 디딤돌이 될 수 있다.

삶 속에서 관용을 가르치라
50

또 형제들아 너희를 권면하노니 게으른 자들을 권계하며 마음이 약한 자들을 격려하고 힘이 없는 자들을 붙들어 주며 모든 사람에게 오래 참으라

데살로니가전서 5장 14절

"게리, 차 안에 열쇠를 두고 잠근 것 같아요. 어쩌죠?"

나는 전화기를 내려놓고 리자를 구해 주러 떠날 준비를 했다. 그런데 다른 열쇠를 꺼내러 가 보니 리자의 열쇠가 걸려 있어야 할 고리가 비어 있었다. 아마도 다른 열쇠는 리자가 이미 잃어버린 모양이었다. 나는 아내의 코트, 바지, 지갑, 핸드백 할 것 없이 생각나는 대로 뒤져야 했다. 아내를 집으로 데려올 차 열쇠를 찾기 위해 말이다.

아내 리자는 물건을 자주 잃어버린다. 핸드백을 '깜빡하거나' 지갑을 가게에 두고 오는 일도 빈번하다. 얼마 전에도 아내는 나에게 이렇게 말했다.

"글쎄 내 스타벅스 신용카드가 석 달째 보이질 않네요. 그런데 여태 아무도 사용하지 않은 걸 보니 집에서 잃어버린 게 분명해요."

아내는 기가 막혀하는 내 얼굴 표정을 보고 말했다.

"별 문제 아니에요. 나오겠죠."

이번에는 아내가 내 미심쩍어하는 표정을 보았다.

"언젠가는."

게다가 어떤 물건들을 리자는 통 살 생각을 하지 않는다. 예를 들면 화장지가 그렇다. 한 번은 내가 강연 출장을 마치고 돌아오니 우리 집 세 개의 화장실에 화장지라고는 5분의 1이 남은 것 한 개가 전부였다. 내가 돌아와 화장지를 더 살 때까지 가족들은 그 한 개를 착실하게 돌려쓰고 있었다.

"화장지를 좀 사 두면 좋을텐데 … ." 나는 말했다.

나는 어머니가 음식과 화장지와 전구와 건전지를 적어도 1년간 쓸 만큼 충분히 쌓아 놓는 집에서 자랐다. 우리 집 화장지를 전부 쭉 폈다면 시애틀에서 타코마까지는 족히 닿았을 것이다. 콩 통조림도 욕조에 가득 찰 만큼 많았다. 부모와 함께 살던 18년 동안 우유나 수프 통조림이나 빵이나 땅콩버터가 떨어져 본 기억이 단 한 번도 없다.

리자의 쇼핑은 전혀 다른 시각에서 이루어진다. 리자는 물건이 떨어지고 하루나 이틀이(때로는 한두 주가) 지나서야 겨우 구입한다. 어떤 날 아침에는 우유다. 어떤 날 밤에는 화장지다. 어떤 날 오후에는 열쇠가 없다. 어쨌든 대체로 우리 집에는 뭔가가 떨어지고 없다.

무슨 책이라도 읽어서 나의 좌절감을 그녀에게 전달하는 법을 배울까, 리자와 함께 준비성의 개발에 대하여 진지한 대화를 나눌까, 아니면 도표를 그려 책임의 소재를 분명하게 할까 등 많은 생각을 하기도 했다. 그래 봐야 출장 중에는 내가 물건들의 입고 상태를 확인하기 어렵겠지만 말이다.

그러나 결혼한 지 20년을 지나면서, 세상에는 영영 바뀌지 않는 것들이 있음을 수용하게 되었다. 그녀는 조금도 바뀌지 않았으니 말이다. 리자는 막내다. 준비성 있고 성질이 급한 맏이가 아니다. 나와 결혼했다는 이유만으로 아내가 전혀 다른 사람이 되기를 기대할 수 없다. 조그만 실망과 사소한 불편 때문에 가장 중요한 것을 잃느니보다는 차라리 영적인 장례식을 치러서 절대로 실현되지 않을 것이 뻔한 기대들을 땅에 묻는 편이 더 건강하다고 생각하게 되었다.

"다 좋다고 치자. 하지만 그것이 자녀 양육과 무슨 상관인가?"

그렇게 생각할 독자들이 있을 것이다.

아주 상관이 많다.

한 번은 우리 막내딸이 엄마의 막내 기질 중의 하나에 대하여 좌절감을 표출했다. 그 순간 딸아이에게

"켈시야, 너 아니? 그건 절대로 바뀌지 않을 거야. 그러니까 네가 적응하는 게 나아."

라고 말한 것이 약간 지나친 것 같기는 했지만 그럼에도 불구하고 그것은 소중한 교육의 기회였다. 어느 날 켈시는 한 남자와 결혼할 것이고, 진짜 실망과 더불어 살아가는 법을 배워야 할 날이 반드시 올 것이다. 그 실망은 켈시를 불편하게 하고 좌절하게 하고 수시로 난감하게 하고 간혹 분노하게 할 것이다.

그렇다면 하나님이 켈시에게 불완전한 부모를 주셔서 관용의 가치와 필요성을 가르치게 하신 것은 얼마나 놀라운 섭리인가! 자녀들이 나이가 들수록 결혼생활에 대하여 그들을 준비시켜 주어야 할 책임을 더욱 통감하게 된다. 그들은 하도 들어서 귀가 따가울지 모르지만 나는 그들이 형제자매나 아들딸로서 개발한 가정생활의 기술들이 이 다음에 부부나 부모가 되면 아주 요긴하게 사용될 것이라고 강조한다. 그들이 그런 기술들을 지금 배우지 않는다면 그때 가서 배워야 할 것이다. 이후의 관계를 처음부터 힘들게 하기보다는 이런 기술들을 가지고 결혼생활을 시작할 수 있다면 훨씬 쉬울 것이다.

관용은 공동생활의 핵심 덕목이지만, 관용이라는 말을 쓰기가 못내 꺼려진다. 우리 문화의 많은 사람들이 이 단어를 남용하여 음란한 형

태의 악을 정당화해 왔기 때문이다. 그럼에도 이 단어에는 여전히 의미와 가치와 진리가 있다. 관용과 인내가 없으면 가정생활은 비참해진다.

　이번 주에는 당신이 중요한 교육에 필요한 절호의 기회들을 놓치고 있지 않은지 생각해 보라. 배우자의 한계나 성격적 결함에 대하여 자녀들은 당신의 어떤 반응을 보고 있는가? 아이들 앞에서 배우자를 비하하거나 혹은 친구들에게 배우자에 대해 험담을 함으로써 좌절감을 푸는 당신을 아이들이 보고 있는지, 아니면 배우자를 세워 주고 배우자가 부족해도 너그러이 대함으로써 좌절감을 해결하는 당신을 아이들이 보고 있는지 돌아보라.

　남편이나 아내가 서로 관용하면, 문간에 들어서기만 해도 골치가 아플 정도로 긴장감과 압박감이 팽팽한 집이 기쁨과 평안이 머무는 집으로 바뀔 수 있다. 삶으로 관용을 가르치자.

오늘의 일상이 한 조각 천국임을 기억하라
51

어떤 사람에게든지 하나님이 재물과 부요를 그에게 주사 능히 누리게 하시며 제 몫을 받아 수고함으로 즐거워하게 하신 것은 하나님의 선물이라 그는 자기의 생명의 날을 깊이 생각하지 아니하리니 이는 하나님이 그의 마음에 기뻐하는 것으로 응답하심이니라

전도서 5장 19~20절

짐의 이야기는 낯익은 만큼이나 슬프다. 짐은 아내 에마와 결혼한 지 거의 20년이 되었을 때, 아내와 가정과 뻔한 일상에 권태감이 들었다. 타이밍까지도 아주 지독하게 하필이면 아내인 에마의 어머니가 암 진단을 받은 그때에 훨씬 젊은 여자 제시와 외도를 시작했다. 에마는 자기가 병원에 갈 때마다 짐이 이때구나 하고 정부를 만나러 갔다

는 사실과 문제의 정부가 아직 20대라는 사실을 알고는 결혼의 끝장을 선언했다.

처음에 짐은 일이 그렇게 되어 오히려 후련했다.

"여태 에마한테 느꼈던 것보다 사귄 지 6개월 된 제시한테 더 깊은 사랑을 느끼고 있다"고 그는 말했다.

그러나 물론 1년 반도 안 되어 모든 것이 달라졌다.

거의 언제나 그런 법이다.

제시의 결점들이 보이기 시작하자 짐은 첫 결혼 때 했던 것과 똑같은 방식으로 문제를 처리했다. 관계 밖에서 위안을 구한 것이다. 단 이번에는 그가 '외도'를 시도한 대상이 전 아내인 에마였다! 그는 에마의 생일날에 값비싼 선물도 사 주었고, 항상 자기 곁에 있어 준 사람은 에마였다고 말했고, 심지어 새 결혼생활의 고충들까지 말하려고 했다. 그러나 에마는 현명하게도 전혀 끼어들 생각이 없었다.

"당신은 나한테 했던 일을 제시한테 하려고 하고 있군요. 나는 관여할 마음이 없어요." 그녀는 그에게 딱 잘라 말했다.

자녀들의 반응도 짐에게 그 못지않은 고통이었다. 자녀들은 가정을 깨뜨린 그에게 분노했고 엄마 편이 되었다. 그리고 가정 파탄에 최소한 일부라도 책임이 있는 딴 여자와 함께 시간을 보내야만 하는 현실에 그들은 분개했다.

어느날 오후에 짐은 솔직히 이렇게 털어놓았다.

"정말 못 견디겠어요. 제시는 너무 젊어서 같이 있으면 내가 늙다리가 된 기분입니다. 요즘은 아기를 낳고 싶다는 말까지 하는데 내 나이 벌써 마흔다섯! 나는 아기 키우는 단계를 다시 지나고 싶지 않아요. 거기다 직장에서 제시는 점심시간에 어떤 젊은 남자랑 같이 뛰고 있는데, 아주 비참합니다. 머리숱도 많고 힘도 팔팔하고 최신 음악 그룹들도 죄다 꿰고 있는 남자한테 내가 어떻게 경쟁 상대가 될 수 있겠어요? 내가 비지스(Bee Gees) CD를 틀면 제시는 싱겁게 웃고 말아요. 게다가 요즘 에마를 보면 이제야 내가 그녀를 얼마나 사랑했었는지 깨닫게 돼요. 에마는 결점이 많지만 그래도 우리는 너무도 많은 것을 함께해 왔었는데, 내가 정말 바보였어요."

"그리고 증오에 찬 눈으로 나를 바라보는 딸과 관계를 이으려 하는 것이 어떤 기분인지 차마 말할 수 없어요. 제시가 내 몸에 손을 대기라도 하면 그때마다 딸 아만다는 움찔 놀라며 나를 멸시하는 표정을 지어요. 어떻게 하면 내가 잃은 것들을 되찾을 수 있을까요? 나는 이전으로 다시 돌아가고 싶어요. 잠에서 깨면 에마가 곁에 있었으면 좋겠어요. 눈꼬리에 주름살은 있지만 그래도 20년 동안 내가 사랑해 온 그 얼굴! 그리고 아래층 부엌으로 내려가면 시리얼을 먹고 있는 딸이 보이고, 딸에게 아무런 비난이나 반항기 없는 목소리로 '아빠, 안녕' 하는 소리를 듣는 것, 그것만 다시 가질 수 있다면 얼마나 좋을까요? 특별한 것이 아니라 한때 나를 미치게 했던 그 항상 똑같고 권태롭던

토요일 오전을 바랄 뿐이예요. 그 모든 것을 되돌릴 수만 있다면 지금 나한테 있는 모든 것을 주어도 좋겠어요."

가정생활의 일상 속에는 우리가 누리는 매일매일의 기적이 숨어 있을 수 있다. 모든 것을 잃어버린 남자에게는 그저 조용한 토요일 오전이 한 조각 천국 같기만 하다. 그러나 지금도 같은 집에서 깨어나 같은 배우자를 보고 같은 아이들을 대하는 우리들은 그것이 얼마나 큰 축복인지 보지 못할 때가 많다.

내가 만약 짐처럼 한다면 나도 정확히 짐과 같은 심정이 될 날이 반드시 올 것이다. 지금 항상 누리고 있는 평범한 토요일을 한 번만 더 맛볼 수 있다면 나는 뜨거운 용암 속이라도 기꺼이 헤엄쳐 지날 것이다. 우리가 이런 축복에 둘러싸여 있을 때는 배우자의 주름살이나 잠깬 뒤의 입 냄새, 한 아이가 우유를 치우지 않았거나 냉장고 문을 열어 두었다는 사실, 대낮까지 자고 있는 십대 자녀 등 부정적인 면들만 보기 쉽다. 그러나 뭔가 일이 터져서 그 모든 것을 잃고 나면 예전 그대로(엎질러진 우유며 그 모든 것까지도) 되돌아가는 것이 오매불망 우리의 소원이 될 것이다.

엉뚱한 곳에서 한창 새로 애정을 불태울 때는 오랜 세월을 이어온 안정된 가정의 고요한 아침이라는 그 경이에 권태를 느끼거나 심지어 그것을 업신여기기 쉽다. 그러나 지혜가 우리에게 가르쳐 주듯이 우리의 마음은 결국 뜨거운 로맨스에 싫증을 느끼게 될 것이고 두고 온 가정의 더 고요하고 훨씬 깊은 사랑이 애타게 그리워질 것이다.

우리의 일상적인 토요일 오전은 축복이고 조용한 기적이고 한 조각 천국이다. 그것을 누리라. 보호하라. 그것을 인하여 하나님께 감사하라. 그리고 물론 그것을 내버릴 생각일랑 아예 하지도 말라. 그것의 익숙함 속에 얼마나 큰 경이로움이 가려져 있는지 잘 느껴지지 않지만, 그것이 없어질 때 당신의 가슴은 찢어질 것이다.

자녀 양육에는 당연히 아픔이 따른다. 우리는 희생해야 하고 녹초가 될 수도 있다. 자녀 양육은 또 그 무엇과도 다르게 우리를 시험대에 올려놓을 수 있다. 그러나 이는 우리를 위한 하나님의 뜻이며 우리에게 주시는 하나님의 선물이다. 우리가 하는 어떤 일도 그 '권태로운' 토요일의 일상들만큼 중요한 것은 없음을 우리는 마음속 깊이 알고 있다.

오늘 아침 내가 위층에 올라가니 드디어 온 가족이 아침을 먹으려고 모여들고 있었다. 그레이엄은 크로스컨트리 연습에서 돌아와 다음 시즌에 대한 자기 고등학교 팀의 전망을 열심히 분석하고 있었다. 앨리슨은 즐겨 입는 잠옷 차림으로 평소처럼 조용히 신문을 읽고 있었다. 켈시는 바게뜨 빵이 팬케이크 반죽에 떨어졌다며 탄식하고 있었다. 리자는 햇볕이 쏟아지는 바깥에서 스프링클러의 위치를 옮기는 중이었다.

대다수 사람들이 보기에는 그저 평범한 아침이지만, 마침 이 글을

쓰던 나에게는 "정말이지 이보다 특별한 날은 없다"는 생각이 들었다. 나는 부엌을 한 바퀴 돌면서 아이들을 하나하나 만져 주었다. 그 장면을 머릿속에 담아 두고 그 순간을 간직하려 했다. 그리고 바로 여기 지상에서 이 한 조각 천국을 누리게 하신 하나님께 감사를 드렸다.

예수님의 임재를 마음과 가정에 모시라
52

보라 여호와의 크고 두려운 날이 이르기 전에 내가 선지자 엘리야를 너희에게 보내리니 그가 아버지의 마음을 자녀에게로 돌이키게 하고 자녀들의 마음을 그들의 아버지에게로 돌이키게 하리라.

말라기 4장 5~6절

구약성경은 역기능 가정으로 시작된다. 인류의 첫 가정에서 아담은 자신의 타락과 죄를 아내인 하와의 탓으로 돌리고 가인은 동생 아벨을 죽인다(창 3~4장).

역기능 가정의 이야기는 거의 끝없는 실타래처럼 계속된다. 노아는 둘째아들을 저주하고(창 9:24~27) 아브라함은 그의 첩과 태중의 아들의 추방에 동의하고(창 16:6) 롯의 딸들은 아버지와 근친상간을 저지르고(창 19:30~38) 야곱은 형의 장자권의 축복을 빼앗고(창 27:1~40) 요셉의 형들은 그를 노예로 팔아넘긴다(창 37:12~36). 다윗과 그의 가정에 대해서는 아예 말을 말자!

심지어 성경에서도 가정의 역기능이 세대에서 세대로 이어지는 모습이 놀랍지 않은가? 어디까지나 그들은 우리의 영적인 조상들이다. 하지만 우리 가정이 그들의 가정처럼 되기를 굳이 바랄 사람이 누가 있겠는가?

그러나 이 거대한 이야기의 끝인 구약성경 맨 마지막 절에서 우리는 마침내 하나님이 하시려는 일을 보게 된다. 즉 그분은 한 선지자를 보내시어 우리의 가정들을 다시 회복하려 하신다.

"그가 아버지의 마음을 자녀에게로 돌이키게 하고 자녀들의 마음을 그들의 아버지에게로 돌이키게 하리라"(말 4:6).

깨어진 가정으로 시작된 이야기는 가정들이 재결합하여 그 영광과 목적과 성취를 회복한다는 약속으로 끝난다. 분명히 이 구절 끝에는 "그리하지 아니하면"이라는 아주 큰 단서가 붙어 있다.

"돌이키지 아니하면 두렵건대 내가 와서 저주로 그 땅을 칠까 하노라."

하나님의 의도는 분명하다. 비록 구약성경이 역기능 가정으로 시작되고 역기능 가정들이 계속 나오지만 하나님의 마음속에는 가정들을 회복하실 계획이 있었다. 만일 가정들이 이 계획에 저항하여 자신만을 위하여 살고 하나님의 온전한 설계를 무시하거나 거기에 반항한다면 땅은 저주를 받고 역기능은 계속될 것이다.

그러나 만일 하나님의 백성들이 순종하여 하나님의 일하심에 잠자코 따른다면 부모들은 자녀에게로 향하고 자녀들은 부모에게로 향하게 될 것이다. 부모들은 자녀를 위하여 희생할 것이고 결혼의 언약을 충실히 지킬 것이다. 결혼의 주요 목적이 경건한 자손을 낳는 것임을 그들이 알기 때문이다. 경건한 자손을 가장 잘 기를 수 있는 곳은 헌신이 지켜지는 안정된 환경임을 인식할 것이기에 각자의 결혼생활의 어려움들을 애써 헤쳐 나갈 것이다. 그들은 자녀들에게 경건한 자손으로 자랄 수 있는 최선의 기회를 마련해 주고 싶어할 것이다. 자녀들은 자녀들대로 부모에게 전수받은 메시지를 잘 받들어 자기들도 자식들에게 같은 목적을 전수하는 삶을 살아갈 것이다.

하나님은 가정에서 그분의 구속의 메시지를 삶으로 살아내도록 우리를 부르신다. 복음 메시지의 그림을 세상에 제시하도록 우리를 부르신다. 나의 가정의 소명은 나의 욕구가 채워지고 나의 행복이 증대되고 나의 안위가 축적되는 것 그 이상이다. 가정이란 진리를 살아냄으로써 진리를 전파하는 곳이다. 그것은 사명이고 소명이며 무겁지만 영광스러운 책임이다.

우리는 자녀 양육의 과업을 마치 우연한 사건인 냥 아주 가볍게 대할 수 있다. "어, 우리가 아기를 가졌네!" 그러나 각 아이가 태어날 때마다 참으로 깊고 황공한 영적인 소명이 따라온다. 우리는 어떻게 반응할 것인가? 그 소명이 나와는 무관하다는 듯이 행동할 것인가? 아니면 예수님의 어머니 마리아처럼 진지하고 겸손하게 반응할 것인가? 그녀는 인간이 상상할 수 있는 가장 온전한 고백으로 자녀 양육에 임했다.

"주의 여종이오니 말씀대로 내게 이루어지이다"(눅 1:38).

우리도 자녀 양육에 대하여 이러한 태도를 지니고 있는가? 주님의 종으로서 그분이 명하시는 대로 열심히 순종하려는 자세가 있는가? 겸손한 열정을 품고 자신의 책임을 충실히 다하려는 각오가 되어 있는가? 다른 사람들에게 하나님을 가리켜 보이고 많은 사람들을 죄에서 돌이키는 가정을 일구려는 마음이 있는가? 우리는 결혼과 가정생활의 이러한 궁극적인 '이유'를 날마다 상기할 필요가 있다. 그래야 목표를 놓치지 않고, 올바른 선택과 희생을 계속해야 할 동기를 잃지 않는다. 타성에 젖어 살아가기란 쉽다. 또한 거룩한 자녀 양육의 고귀한 소명과 고된 일을 게을리 한 채 하루하루를 그냥 흘려보내기는 너무나 쉽다.

어느 해엔가 크리스마스 날 아침 묵상 시간에 나는 신실한 레갑 족속에 관하여 가족들과 이야기를 나누었다. 나머지 이스라엘 백성들이 딴 길로 헤맬 때도 그들은 하나님을 섬겼다. 이웃들과 국민들의 태반이 하나님을 버렸지만 이 신실한 가정은 믿음의 유산에 충실했고 하나님이 그것을 보셨다. 하나님은 요나답에게 "요나답에게서 내 앞에 설 사람이 영영히 끊어지지 아니하리라"(렘 35:19)고 말씀하셨는데, 이는 성경 전체를 통틀어 가장 영광스러운 약속 중의 하나다.

부모가 받을 수 있는 약속 중 이보다 더 큰 만족감을 줄 약속이 무엇이겠는가? 나도 아들과 두 딸에게 우리의 믿음을 세대에서 세대로 전수하는 가정이 되자고 당부했다. 우리 문화의 영적인 기류와 상관없이 우리는 영적인 유산에 충실한 가정이 되기를 바란다고, 예수께서 다시 오시는 날까지 우리의 혈통에 늘 하나님을 섬기는 사람이 있기를 기도한다고 했다. 복음의 메시지가 계속 살아 있도록 우리의 몫을 다하자고 했다.

자녀 양육이란 그저 기저귀를 갈아 주거나 십대 자녀를 잘 다독여 의미 있는 대화를 하는 것 정도가 아니다. 자녀 양육은 하나님을 경외하고 섬기는 자녀들을 길러내는 거룩하고 고귀한 소명이다. 우리는 예수님의 임재를 우리의 마음과 가정에 모시는 가정이 되어야 한다. 그렇게 할 때 그분도 우리의 존재를 그분의 영원한 집으로 불러 주신다는 분명한 소망이 있다. 그보다 더 영광스러운 것이 있다면, 그분의 은혜로 우리의 십대 혹은 이십대 후손들까지도 대대손손 불러 주시리라는 약속을 품고 사는 것이다. 이것이 바로 마틴 루터가 말한 '모든 고생과 수고를 가치 있게 해 주는 것'이다.[77]

인류 역사는 가정의 파탄으로 시작되었지만 그렇게 끝나서는 안 된다. 하나님의 은혜로 말미암아 우리는 성령의 능력과 은혜와 인도와 위로로 미래의 역사를 쓰도록 부름받았다.

자녀 양육의 영적인 역동성을 회복하는 이 여정을 끝내면서 이제 우리는 우리 각자의 가정이 세상에 어떤 그림을 내놓고 있는지 생각해 보자. 그리고 하나님께 합세하여 그분의 구속의 영광을 더욱 온전히 드러내자.

마지막으로 강조하고 싶다. 자녀 양육에서 중요한 것은 우리가 아님을, 즉 부모인 우리의 성취나 기쁨, 심지어 우리의 아픔이 아님을 잊지 말자. 중요한 것은 하나님이다. 중요한 것은 우리 주님을 섬기는 것이고 주께서 우리의 발 앞에 두신 그 소명에 충실히 임하는 것이다. 그리하여 하나님의 자비롭고 영광스러운 구속의 계획을 세상에 선포하는 것이다.

우리가 한 가정 안에서 내리는 모든 결정은 이 소명과 목적에 기초한 것이라야 한다. 물론 이것은 쉬운 일이 아니다. 어쩌면 우리가 평생에 해야 할 가장 힘든 일인지도 모른다. 하지만 그것까지도 이 일의 영광이다. 처음 부모가 되었을 때 자녀 양육에 수반되는 것을 몰랐을 수도 있다. 그러나 이제 그림이 좀 더 온전해졌으니 우리 모두 마리아처럼 이렇게 기도했으면 좋겠다.

"주의 종이오니 말씀대로 내게 이루어지이다."

우리 여정의 마지막 주인 이번 주에는 하나님의 음성을 듣는 시간을 가져 보자. 우리의 동기를 깨끗하게 해 주시도록, 그리고 앞으로 몇 주, 몇 달, 몇 년 동안 그분께서 우리가 무엇에 주력하기를 원하시는지 보여 주시도록 기도하자. 우리의 이 일을 다 마칠 날이 생각보다 가깝다. 지금 갓난아기를 키우고 있는 가정들이라도 마찬가지다.

강하게 잘 끝내자. 그리고 우리에게 주실 상을 기다리자.

주

1. Brother Lawrence, *Practicing the Presence of God*, John Delaney 번역 (New York: Doubleday, 1977), p.40 (《하나님의 임재 연습》, 두란노).
2. 같은 책, p.47. 조셉 드 보포르(Joseph de Beaufort) 신부가 로렌스 형제와 나눈 대화 부분.
3. 같은 책.
4. 같은 책, p.49.
5. 같은 책.
6. 같은 책, p.50.
7. 같은 책, pp.56~57.
8. 같은 책, p.60.
9. 같은 책.
10. Charles Spurgeon, *Joy in Christ's Presence* (New Kensington, Pa.: Whitaker House, 1977), p.103.
11. 같은 책.
12. 같은 책, pp.104~105.
13. 같은 책, pp.111~112.
14. William Bennett, "Teaching the Virtues," *Imprimis* (2003년 2월), p.4. 웹사이트에서 볼 수 있다. www.hillsdale.edu/newimprimis/2003/february/default.htm.

15. Patricia Heaton, "Thanks, Mom," 〈Guideposts〉 (2003년 5월), p.44(한국어판 가이드포스트 2003년 8월호).

16. Andrew Murray, *Raising Your Children for Christ* (New Kensington, Pa.: Whitaker House, 1984), p.121(《그리스도를 위해 자녀를 기르자》, 생명의 말씀사).

17. 같은 책, p.140.

18. 오바댜에 관해서는 찰스 스펄전의 통찰력 있는 글을 참조하였다. Charles Spurgeon, *Spiritual Parenting* (New Kensington, Pa.: Whitaker House, 1995, pp.141~154.

19. 다음 책에 인용된 글. Dana Mack and David Blankenhorn 편집, *The Book of Marriage* (Grand Rapids: Eerdmans, 2001), p.373.

20. Murray, *Raising Your Children for Christ*, p.51.

21. William Martin, *Harvard Yard* (New York: Warner Books, 2003), p.141.

22. Spurgeon, *Joy in Christ's Presence*, p.139.

23. 같은 책, p.140.

24. 같은 책.

25. 같은 책, p.142.

26. Judith Martin, *Miss Manners' Guide to Excruciatingly Correct Behavior* (New York: Atheneum, 1982), p.49.

27. Murray, *Raising Your Children for Christ*, p.200.

28. 다음 책에 소개된 이야기. Richard Wurmbrand, *Tortured for Christ: 30th Anniversary Edition* (Bartlesville, Okla.: Living Sacrifice, 1998),

pp.33~34.

29. Rachel Cusk, *A Life's Work: On Becoming a Mother* (New York: Picador, 2002), pp.55~56.
30. 다음 책에 인용된 말. Rabbi Nancy Fuchs-Kreimer, *Parenting as a Spiritual Journey: Deepening Ordinary and Extraordinary Events into Sacred Occasions* (Woodstock, Vt.: Jewish Lights, 1998), p.7.
31. Paul Evdokimov, *The Sacrament of Love* (Crestwood, N.Y.: St. Vladimir's Seminary Press, 1985), p.121.
32. 다음 기사에 인용된 말. James Gorman, "Dog vs. Spouse," 〈New York Times Book Review〉 (2003년 6월 1일), p.35.
33. Dr. Cathy Carpenter의 미간행 원고를 저자가 직접 들은 것.
34. Spurgeon, *Spiritual Parenting*, p.144.
35. Murray, *Raising Your Children for Christ*, p.171.
36. 다음 책 뒤표지에 인용된 말. Jonathan Edwards, *Heaven: A World of Love* (Amityville, N.Y.: Calvary Press, 1999)(《천국은 사랑의 나라입니다》, 부흥과 개혁사).
37. 같은 책, p.15.
38. 같은 책, p.27.
39. 본 장의 인용문들은 다음 책에서 온 것이다. Henry Drummond, *The Greatest Thing in the World* (London: Collins, 1930), pp.54~55.
40. Pat Conroy, *My Losing Season* (New York: Random House, 2002), p.48.
41. 같은 책.

42. Bill Cosby, *Fatherhood* (New York: Doubleday, 1986), pp.52~53. (《고독한 아빠 자랑스런 아버지》, 열린 책들)

43. Murray, *Raising Your Children for Christ*, p.250.

44. 같은 책, p.276.

45. Spurgeon, *Spiritual Parenting*, pp.35~36.

46. 다음 기사에 인용된 말. Elysa Gardner, "Go-Go's, Bangles Pop Into View," 〈USA Today〉 (2001년 5월 18일), 12E.

47. 다음 기사에 인용된 말. Mike Sager, "What I've Learned: Carrie Fisher," 〈Esquire〉 (2002년 1월), p.97.

48. 다음 기사에 인용된 말. Lucy Kaylin, "The Rule of Law," 〈GQ〉 (2002년 7월), p.124.

49. Spurgeon, *Spiritual Parenting*, p.176.

50. 같은 책, p.84.

51. 같은 책.

52. 같은 책, p.106.

53. 같은 책.

54. Brandel Chamblee, "So Long, PGA Tour," 〈Sports Illustrated〉 (2003년 12월 1일), G11.

55. 같은 기사.

56. 같은 기사.

57. George Sayer, *Jack: C. S. Lewis and His Times* (San Francisco: HarperSanFrancisco, 1988), p.103.

58. 같은 책.

59. Jerry Sittser, *When God Doesn't Answer Your Prayer* (Grand Rapids: Zondervan, 2003), p.163 (《하나님이 기도에 침묵하실 때》, 성서유니온선교회).

60. 같은 책, p.164.

61. 다음 책에 인용된 말. Gail Waesche Kislevitz 편집, *First Marathons* (Halcottsville, N.Y.: Breakaway Books, 1999), p.133.

62. 같은 책, p.169.

63. Yona Zeldis McDonough, *The Four Temperaments* (New York: Doubleday, 2002), p.293.

64. Blaise Pascal, *Pensees* (New York: Penguin, 1966), p.43(《팡세》).

65. Jen Abbas, *Generation Ex: Adult Children of Divorce and the Healing of Our Pain* (Colorado Springs: Waterbrook, 2004), pp.1~2.

66. 같은 책, p.12.

67. 같은 책, p.12, 16.

68. Judith Wallerstein and Sandra Blakeslee, *Second Chances: Men, Women and Children a Decde After Divorce* (New York: Houghton Mifflin, 1996), p.7.

69. Abbas, *Generation Ex*, p.18.

70. 같은 책, p.75.

71. 같은 책, p.19.

72. 같은 책, p.88.

73. C. S. Lewis, *The Weight of Glory* (Grand Rapids: Eerdmans, 1949), pp.14~15.

74. Johann Christoph Arnold, *Sex, God and Marriage* (Farmington, Pa.: Plough, 2002), p.73.
75. 다음 책에 인용된 말. Mack and Blankenhorn 편집, *The Book of Marriage*, p.369.
76. 같은 책, p.370.
77. 같은 책, p.373.